Schleswig-Holstein
Die schönsten Radtouren

Schleswig-Holstein
Die schönsten Radtouren

Hans-Dieter Reinke
Daniel Hugenbusch
David Hugenbusch

Ellert & Richter Verlag

Inhalt

Fahrradland Schleswig-Holstein
Vorwort

Radfahren ist en vogue und gehört nach Meinung des Tourismusverbandes Schleswig-Holstein zu den beliebtesten Aktivitäten der Urlaubsgäste des Landes zwischen den Meeren. Aber natürlich schwingen sich auch die Einheimischen gern auf den Sattel der zweirädrigen Gefährte. Der gesundheitsfördernde Effekt und die Verbesserung der allgemeinen körperlichen Fitness des Radlers durch die umwelt- und ressourcenschonende Art der Fortbewegung mit eigener Muskelkraft sind unbestritten. Zudem ist das Radfahren auch eine der besten Möglichkeiten, die Natur, die Landschaft, die Menschen, aber auch die kulturellen Besonderheiten einer Region intensiv kennenzulernen.

In Schleswig-Holstein hat man sich auf die radfahrbegeisterten Besucher eingestellt. Neben radfahrerfreundlichen Unterkünften, ausgewiesenen Themen-Radstrecken in vielen Regionen und landesweiter Ausschilderung von Radwegen gibt es Fernradwege, die das Land durchziehen, und allerorten findet man Verleihstationen für Räder sowie Tourist-informationen, die neben den Sehenswürdigkeiten auch über die Radwandermöglichkeiten vor Ort Auskunft geben. Die ersten Regionalrouten, zum Beispiel im Naturpark „Lauenburgische Seen", oder auch Fernradwege, wie der Mönchsweg, sind mit Audio-Informationen versehen, die man über Computer, MP3-Player oder über das Handy abfragen kann, und auch ein Online-Routenplaner gehört inzwischen zum Angebot der Tourismus-Agentur Schleswig-Holstein.

Die vorliegenden ausgewählten Touren führen als Tagestouren durch die verschiedenen Regionen des Landes und versuchen deren landschaftliche, naturräumliche und kulturelle Vielfalt widerzuspiegeln. Es wird auf bestehende Regionalrouten und Fernradwege zurückgegriffen. Allerdings findet man auch dort die schönsten Abschnitte nicht immer auf den Hauptrouten und besten Asphaltstraßen. Gerade um die etwas abgelegenen und interessanten Sehenswürdigkeiten und landschaftlich reizvollen Ausblicke zu erleben, muss man sich manchmal in einigen Ab-

Schleswig-Holstein bietet viel Wasser: Nicht nur an den Küsten, sondern auch an Kanälen – hier am Nord-Ostsee-Kanal – oder an Flüssen und Seen gibt es reizvolle Strecken.

schnitten auf Betonspurwege, sandige Waldwege und Schottertrassen begeben. Auf die Wegverhältnisse wird bei den Beschreibungen eingegangen, ebenso wie auf Einkehrmöglichkeiten, Museen und Ausstellungen sowie naturkundliche Besonderheiten. Ausgangs- und Endpunkt ist in der Regel ein Bahnhof, sodass die meisten der Touren mit öffentlichen Verkehrsmitteln problemlos erreichbar sind. Wer sich in einer der interessanten Ausstellungen oder bei den Besichtigungen zu lange aufgehalten hat, findet verschiedentlich Möglichkeiten für Abkürzungen oder Rückkehrmöglichkeiten per Bahn zum Ausgangsbahnhof. Durch Verbindung einzelner Touren oder Anschluss an Fernradwege lassen sich auch gut mehrtägige Touren planen. Schleswig-Holstein hat für den radfahrenden Urlauber jedenfalls eine enorme Vielfalt unterschiedlicher Landschaften, Besonderheiten und Sehenswürdigkeiten zu bieten. An der Nordseeküste geht es über Deiche und durch Dünen an faszinierenden Leucht-

Die Deiche sind an der Nordseeküste in der Regel die einzigen Steigungen.

türmen und alten und modernen Windmühlen vorbei, mit Abstechern in den Nationalpark und das UNESCO-Weltnaturerbe Wattenmeer und an die Strände der Inseln und des Festlandes. Die Ostsee ist weniger rau, dafür ist die Landschaft aber nicht ganz so flach wie die der Westküste. Sanfte Hügel, hohe Steilufer und flache Sandbänke säumen den Weg, der uns auch zu eindrucksvollen Herrenhäusern, mittelalterlichen Kirchen und archäologischen Denkmälern führt. Zwischen den Meeren liegt das hügelige, seenreiche Binnenland mit den Naturparken entlang der Schlei, in den Hüttener Bergen, um den Westensee und im Aukruggebiet sowie in der Holsteinischen Schweiz und dem Gebiet der Lauenburgischen Seen. Aber auch entlang der südlichen Grenze Schleswig-Holsteins, an der Elbe, sowie im Hamburger

Umland mit dem Sachsenwald und der Baumschulregion um Elmshorn und Uetersen lassen sich interessante und erlebnisreiche Radtouren durchführen. Maritime Eindrücke werden dem Radurlauber reichlich vermittelt, seien es auf den Elbtouren die Containerschiffe und Frachter auf ihrem Weg zum Hamburger Hafen oder seien es die Kreuzfahrtschiffe auf dem Nord-Ostsee-Kanal und in den großen Häfen der Ostsee in Kiel und Travemünde, die sich auf den Radstrecken oder während kleiner Pausen beobachten lassen. Diese kann man auch nutzen, um sich in den Häfen der Nord- und Ostsee mit einem Fischbrötchen auf die Hand, frisch vom Krabbenkutter gekauften Garnelen oder einem Fischgericht im nahe gelegenen Gourmetrestaurant zu stärken. Badesachen gehören bei den meisten Touren auch ins Gepäck, werden doch an den Küsten der Nord- und Ostsee sowie an den Seen des Binnenlandes zahlreiche Bademöglichkeiten passiert – das geht von den endlosen Sandstränden an den Nordfriesischen Inseln und bei St. Peter-Ording bis zu kleinen, abgelegenen, schilfbewachsenen Badestellen an Binnenseen und

Flussufern. Die Badewasserqualität in den Meeren und Binnengewässern gilt nach wie vor als sehr gut und wird regelmäßig von den entsprechenden Ämtern überwacht. Auch der Naturbegeisterte kommt auf seine Kosten, sei es, dass er die Weißstörche und andere Vögel in den Niederungen der Flüsse Eider, Sorge und Treene, seltene Pflanzen an den Stränden, in den Heiden und Mooren oder die Seeadler an den Seen der Holsteinischen Schweiz beobachtet oder sich an den wilden Pferden und Robustrindern erfreut, die auf den sogenannten Wilden Weiden in vielen Schutzgebieten in Schleswig-Holstein als Landschaftspfleger eingesetzt werden und auf vielen Touren durch die Naturlandschaften der Küsten und des Binnenlandes am Wegesrand zu beobachten sind.

Kleine Rast mit Blick über den malerischen Uklei-See in der Holsteinischen Schweiz.

Das nördlichste Bundesland hält mit seinem reichen Angebot an Radwegstrecken und mit den hier vorgeschlagenen Touren für jeden Geschmack etwas bereit: für den sportlich radelnden Schnellfahrer, den Geländefahrer und den Tourenfahrer genauso wie für Senioren mit einem

Die Küstenstrecken, hier an der Ostsee, sind auch für Familientouren gut geeignet.

E-Bike, Familien mit Kindern und die gesundheitsbewussten Vielradler. Von kleinen Kurztouren, Halb- und Ganztagestouren kann man neben den Fernwegen beliebig Touren kombinieren und sich auch entscheiden, ob man lieber einiges an Strecke zurücklegen möchte oder es vorzieht, einzelne kulturelle Besonderheiten oder die Sehenswürdigkeiten der Städte und Ortschaften ausführlicher zu besuchen. Egal, ob man sich allein, zusammen mit einem Freund, der Familie, in der Kleingruppe oder mit einem großen

Verein auf den Weg macht, bleibende positive Eindrücke dürften bei dem vielfältigen Angebot garantiert sein – auch wenn mal der Gegenwind recht heftig wehte, der Regen waagerecht von vorn kam oder ein Plattfuß am Rad und Muskelkater den Radfahrer ereilten. Intensives Erleben der Landschaft, der Natur und schöne Bilder – nicht nur auf dem Chip der Kamera, sondern auch im Gedächtnis – wirken vielleicht bei manchem Radurlauber bis in den Alltag nach, was womöglich auch zum Einsatz des Rades nach dem Urlaub für den Weg zur Arbeit, für den Kurzeinkauf oder die entspannende Radtour am Wochenende in der heimatlichen Umgebung anregt. Manch einer wird unter Umständen durch einige kleinere Tagestouren dieses Buches oder das Abfahren anderer regionaler Radrouten in Schleswig-Holstein auch dazu veranlasst, einmal einen mehrtägigen Radurlaub auf einem der Radfernwege Schleswig-Holsteins zu unternehmen. Insgesamt gibt es deren 13 im Lande, die hier kurz skizziert werden, da sie auch auf vielen der ausgewählten Rundtouren in Teilabschnitten berücksichtigt werden oder Erwähnung finden.

Die Naturparke des schleswig-holsteinischen Binnenlandes, wie hier am Plöner See, bieten viele interessante Strecken für Radfahrer.

Am bekanntesten sind die beiden Fernwege entlang der Küsten von Nord- und Ostsee, aber auch der Ochsenweg zieht sich in Nord-Süd-Richtung ganz durch Schleswig-Holstein. Die Küsten von Nord- und Ostsee werden verbunden durch den Grenzweg im Norden, den Wikinger-Friesen-Weg, die Nord-Ostsee-Kanal-Route und den Mönchsweg. Der Eider-Treene-Sorge-Radweg durchzieht ebenso wie die Holsteinische-Schweiz-Radtour als Rundtour eine bestimmte Region des Landes, und die Alte Salzstraße verbindet die Ostsee mit der Elbe im Süden. Entlang der Elbe geht der Elberadweg und in Richtung Mecklenburg-Vorpommern ein Teil des Radwegs Hamburg–Rügen über schleswig-holsteinisches Gebiet (siehe auch „Hinweise von A bis Z", S. 232).

Nordseeküsten-Radweg

Der Nordseeküsten-Radweg gilt mit 6000 Kilometern Länge als der längste ausgeschilderte Radweg der Welt. Er führt (mit einigen Fährverbindungen) als „North Sea Cycle Route" entlang der Küsten der sieben Nordsee-Anrainerländer. 389 Kilometer lang ist der Streckenabschnitt auf schleswig-holsteinischem Gebiet von Wedel bei Hamburg bis zur dänischen Grenze. Wichtige Stationen, die wir zum Teil auch auf den Einzeltouren kennenlernen, sind Brunsbüttel, Meldorf, Büsum, Tönning, St. Peter-Ording, Husum und Dagebüll.

Ostseeküsten-Radweg

Der Radfernweg entlang der Ostseeküste, der ca. 430 Kilometer auf schleswig-holsteinischem Gebiet zurücklegt, setzt sich an der Ostsee in Richtung Mecklenburg-Vorpommern bis zur polnischen Grenze und in Richtung Norden ins dänische Jütland fort. In Schleswig-Holstein beginnt der Ostseeküsten-Radweg, den wir auf vielen Einzeltouren dieses Buches in Teilabschnitten befahren werden, im Norden an der dänischen Grenze und führt über Flensburg, Kappeln, Eckernförde, Kiel, Fehmarn und Grömitz nach Travemünde, wo die Route beim Priwall auf mecklenburgisches Gebiet überwechselt.

Ochsenweg

Auf der historischen Route einer alten Nord-Süd-Handelsstrecke, die von Dänemark kommt, ist heute der etwa 245 Kilometer lange Radweg durch Schleswig-Holstein eingerichtet worden, der von Flensburg an der dänischen Grenze über Schleswig, Rendsburg, Neumünster und Bad Bramstedt (in einer Variante auch über Itzehoe) bis zum holsteinischen Wedel an der Elbe führt.

Grenzroute

Die Strecke entlang der deutsch-dänischen Grenze führt über 130 Kilometer von der Nordseeküste bis zur Flensburger Förde an der Ostseeküste. Der Verlauf geht von Højer an der dänischen Nordseeküste über Tønder, Süderlügum, Ladelund, Medelby nach Flensburg und kreuzt an 13 Stellen den seit 1920 hier bestehenden Grenzverlauf zwischen Dänemark und Deutschland.

Wikinger-Friesen-Weg

Die Strecke führt in einer Nord- und einer Südvariante, die beide 180 Kilometer lang sind, von

Maasholm an der Ostsee über Kappeln entlang der Schlei nach Schleswig und dort weiter über Hollingstedt, Friedrichstadt und Tönning nach St. Peter-Ording. An vielen Stationen, Infotafeln, Museen und archäologischen Denkmälern wird der Radfahrer über die lange und wichtige Geschichte der Wikinger und der Friesen in diesem Gebiet informiert.

Nord-Ostsee-Kanal-Route

Der Nord- und Ostsee verbindende Kanal ist zwar nur 100 Kilometer lang, aber die Radtour entlang des Nord-Ostsee-Kanals ist insgesamt 325 Kilometer lang, weil in vielen Schlaufen abseits der eigentlichen Kanalroute Sehenswürdigkeiten und Besonderheiten angesteuert werden. Die Strecke führt von Brunsbüttel, Burg (Dithmarschen), Albersdorf, Hanerau-Hademarschen und Breiholz nach Rendsburg und dann weiter über Sehestedt und Schinkel nach Kiel. Eine Strecke, die weitgehend nahe am Kanal entlangführt, ist in dem Buch ausführlich beschrieben.

Mönchsweg

Eine besinnliche Strecke entlang jahrhundertealter Kirchen auf den Spuren der ersten Mönche nördlich der Elbe. Der in Bremen beginnende, in Roskilde in Dänemark endende Radweg führt auf schleswig-holsteinischem Gebiet auf einer Länge von 340 Kilometern von Glückstadt an der Elbe bis zur Ostseeinsel Fehmarn. Es geht dabei über Itzehoe, Bad Bramstedt, Bad Segeberg, Plön, Eutin, Neustadt und Oldenburg in Holstein sowie Heiligenhafen nach Puttgarden auf Fehmarn. Auch auf diesen Weg treffen wir bei einigen der Touren durch die verschiedenen Regionen Schleswig-Holsteins.

Eider-Treene-Sorge-Radweg

Die 240 Kilometer lange Rundtour durch die nordseenahen Niederungen der Flusslandschaft im Westen Schleswig-Holsteins ist vor allem für naturkundlich interessierte Radler eine empfehlenswerte Langtour, von der einige Teilabschnitte auch auf der in diesem Buch beschriebenen verkürzten Rundtour berührt werden. Der Radfernweg verläuft von Friedrichstadt über Süderstapel, Schwabstedt, Hollingstedt nach Bergenhusen, von wo er über Alt Bennebek, Hohn, Lexfähre, Tellingstedt, Hennstedt und Lunden wieder nach Friedrichstadt zurückführt.

Holsteinische-Schweiz-Radtour
Der als Rundweg ausgewiesene
Fernweg verläuft auf einer Streckenlänge von 204 Kilometern
durch den größten Naturpark in
Schleswig-Holstein und rückt bei
Hohwacht auch direkt an die Ostseeküste heran. Er führt von Eutin
über Hohwacht, Preetz, Dersau
und Plön wieder nach Eutin und
kann von verschiedenen Start-
punkten aus begonnen werden.
Natürlich sind auch Teilabschnitte
und Bahntransport möglich.

Alte Salzstraße
Der Radfernweg geht entlang des
Elbe-Lübeck-Kanals auf den Spuren alter Handelswege des Salz-
transports von Lübeck bis nach
Lauenburg und auf niedersächsischer Seite südlich der Elbe weiter nach Lüneburg. Die 70 Kilometer lange Strecke auf schleswig-holsteinischem Gebiet geht
von Lübeck über Mölln (alternativ
über Ratzeburg) und Büchen
nach Lauenburg an der Elbe, von
wo der Streckenverlauf des Fern-
wegs sich nochmals etwa 30 Kilometer auf niedersächsischem
Gebiet bis Lüneburg fortsetzt.

Elberadweg
Der Radweg entlang der Elbe ist
einer der beliebtesten Fernradwege Deutschlands. Er führt etwa
170 Kilometer auf schleswig-holsteinischem Gebiet von Brunsbüttel an der Elbmündung über
Glückstadt und Elmshorn nach
Wedel, dann auf Hamburger Gebiet und bei Geesthacht wieder
auf schleswig-holsteinischem Gebiet bis zur Grenze nach Mecklenburg-Vorpommern. Dann folgt
er dem Verlauf der Elbe bis in das
Quellgebiet des Flusses.

Radweg Hamburg–Rügen
Der Fernradweg, der Hamburg
mit Deutschlands größter Insel
verbindet, verläuft etwa 110 Kilometer auf schleswig-holsteinischem Gebiet, wobei im Wesent-
lichen Teile der Elberadweg-
trasse und die des Elbe-Lübeck-
Kanals bis Mölln verwendet
werden. Von dort geht es über
Ratzeburg an die Landesgrenze
zu Mecklenburg-Vorpommern.

Iron Curtain Trail
Die 7650 Kilometer lange Route
folgt dem ehemaligen Eisernen
Vorhang zwischen West und Ost
in Europa. Im Grenzbereich zwischen Schleswig-Holstein und
Mecklenburg-Vorpommern geht
der Streckenverlauf über 160
Kilometer von der Ostsee bei Lübeck bis zur Elbe bei Lauenburg.

Die Westküste

Wattenmeer und weite Dünenlandschaften im Süden der Insel Sylt

Westerland – Rantum – Hörnum – Rantum – Tinnum – Westerland
Streckenlänge: ca. 41 km
Dauer: 4 Stunden; Kurztour (nur Rantumbecken) 16 km
Bahnhof in Westerland, Busstationen (Fahrradmitnahme) u. a. in Rantum und Hörnum

Von Westerland aus kann man auf Sylt drei gleichermaßen interessante Radtouren unternehmen: in den Norden nach List, Richtung Osten über Keitum und Morsum zum Morsum-Kliff sowie über Rantum nach Hörnum in den Süden der Insel. Wir wählen hier die Tour durch die Dünenlandschaft des Südteils der Insel, wobei auch eine verkürzte Tour nur um das Rantumbecken nach Westerland zurück unternommen werden kann.

Wir starten vom Bahnhofsvorplatz und fahren links in die Straße „Trift". Dann biegen wir in

Harter Anstieg, aber sehr reizvoller Ausblick auf Strand und Meer: die Himmelsleiter in Westerland.

die Dirk-Brodersen-Straße ein, an deren Ende wir schräg rechts in die Käpt'n-Christiansen-Straße fahren. Kurz hinter der katholischen Kirche St. Christophorus liegt die „Heimstätte für Heimatlose", einige schlichte Holzkreuze für unbekannte Tote, die an Sylter Strände gespült wurden und hier ihre letzte Ruhestätte gefunden haben.

Vor den Dünen und am Strandübergang geht es links in den Stranddistelweg, bis links die Straße „Gaadt" abzweigt. Von dem 26 Meter hohen Aussichtspunkt Himmelsleiter in den Dünen hat man einen schönen Ausblick über Strand und Meer, während das „Sylt Aquarium" rechter Hand interessante Einblicke in die Unterwasserwelt der Meere bietet. Wenn man die Straße „Gaadt" durchfährt, kommt man zur „Alten Friesenstube" (1648), einem gemütlichen Restaurant im wohl ältesten Haus der Insel (Tel. 04651/1228, www. altefriesenstube.de).

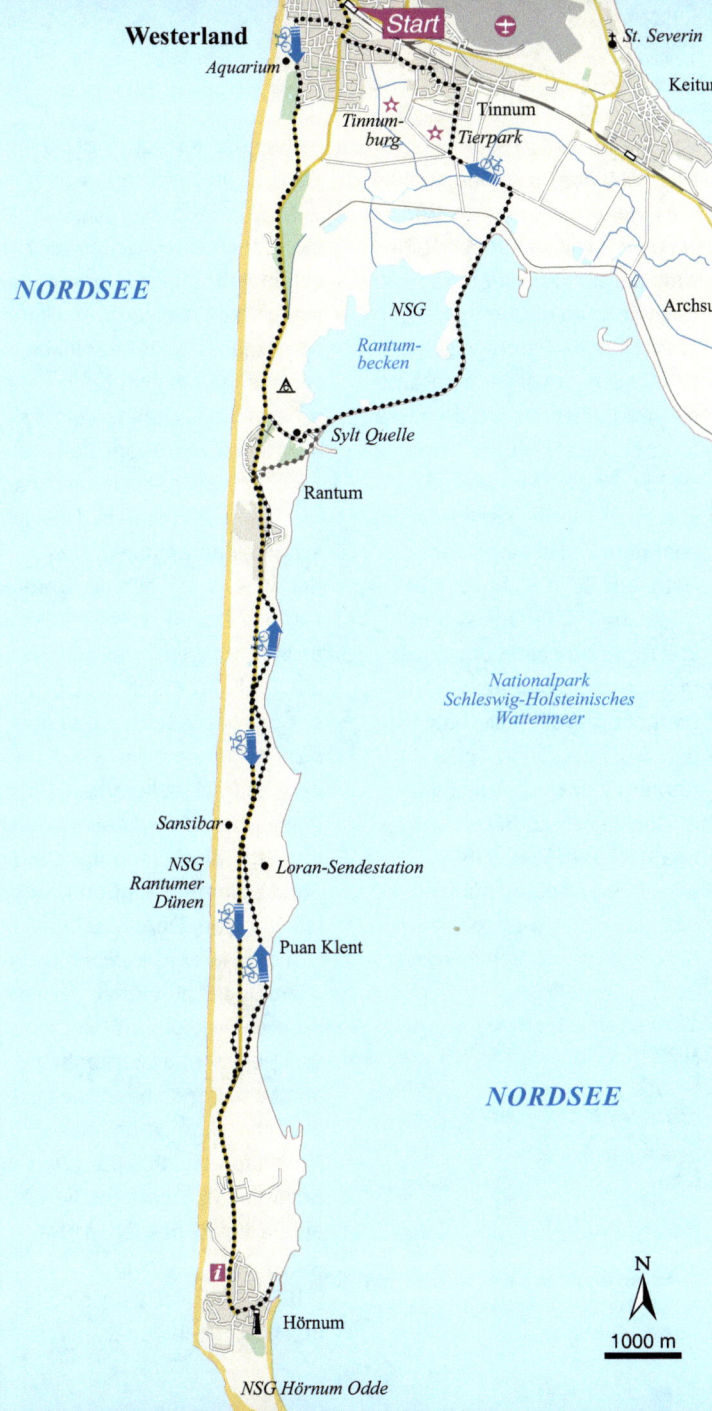

Von der Straße „Gaadt" biegen wir gleich rechts ab und kommen am Syltstadion und dem Südwäldchen vorbei auf den Radweg, der an der Hauptstraße nach Rantum entlangführt. Ein Abstecher zur Eidum-Vogelkoje ist möglich, bevor wir am Rantumer Campingplatz mit dem Restaurant „Tiroler Stuben" (Tel. 04651/8865051, www.tiroler-stuben.de) vorbei nach Rantum kommen. Linker Hand geht die Hafenstraße in Richtung Sylt-Quelle und Hafen ab. Wer nur das Rantumbecken umrunden möchte, biegt hier ab; die Hörnumfahrer radeln hier später auf dem Rückweg auch weiter. In Rantum gibt es diverse Einkehrmöglichkeiten (z. B. das „Hus in Lee", Tel. 04651/21589, www.hus-in-lee.de), auch ein Abstecher an die Westseite zum Strand ist zu empfehlen, bevor

Zwischen Hörnum und Rantum kann man auf der alten Inselbahntrasse oft mit Blick auf das Wattenmeer gemütlich radeln.

es entlang der Dünen auf dem Radweg an der Straße weitergeht. Das Naturschutzgebiet „Rantumer Dünen", das wir zwischen Rantum und Hörnum passieren, ist eines von zehn Naturschutzgebieten auf der Insel. Hinzu kommen acht Landschaftsschutzgebiete, und zudem ist die Insel vom Nationalpark Schleswig-Holsteinisches Wattenmeer umgeben. Dies gibt schon einen wichtigen Hinweis auf die enorm vielfältige, interessante und schützenswerte Naturausstattung der Insel, von der wir auf der Fahrt durch die Dünen, entlang des Wattenmeers und des Rantumbeckens einen kleinen Eindruck bekommen. Die Weißdünen sind vor allem durch den Strandhafer geprägt, der den Sand zusammenhält und zur Verfestigung der Düne beiträgt. In den dunkleren Bereichen der Grau- und Braundünen dominieren Kriechweide, Krähenbeere und Besen- und Glockenheide, am Wegesrand finden wir Frauenflachs, Strandgrasnelken, Hornklee, Habichtskraut und Scharfen Mauerpfeffer. Vorbei am Parkplatz des legendären Restaurants „Sansibar" (Tel. 04651/964646, www.sansibar.de), das hier in den Dünen nahe

Auf der Strecke von Westerland nach Hörnum kann man an vielen Stellen einen Abstecher zum Weststrand machen – für ein kleines Bad in der Sylter Brandung.

dem Weststrand liegt, erreichen wir nach dem Passieren des 193 Meter hohen, 1962 zu militärischen Zwecken von der US Coast Guard aufgestellten Sendemastes der Loran-Station und des Hamburger Ferienlagers „Puan Klent" den Ortseingang von Hörnum. Von der ehemaligen dichten militärischen Präsenz der Bundeswehr mit zahlreichen Kasernengebäuden zeugen mit der Jugendherberge und den Kinderheimen noch einige Reste. Wir wechseln auf die linke Straßenseite (Radweg) und sehen bald rechter Hand im Gebäude der ehemaligen katholischen Kirche St. Josef die Arche Wattenmeer der Naturschutzgesellschaft Schutzstation Wattenmeer. Diese seit Sommer 2013 für Besucher geöffnete Ausstellung bietet unter dem Leitbild „Arche Wattenmeer – Schöpfung bewahren, Verantwortung übernehmen" ein vielfältiges Informationsangebot zur Unterwasserwelt der Nordsee, zur Flora und Fauna des Wattenmeers, der Strände, Salzwiesen und Dünen, zum Problem der Vermüllung der Meere und weiteren Umweltproblemen in den Küstenmeeren und im Wattenmeer, aber vor allem zu Möglichkeiten des Naturschutzes und dem Erhalt der Biodiversität in den Meeres- und Küstenlebensräumen.

Gut informiert radeln wir weiter nach Hörnum hinein. Der Linksknick der Straße führt uns zum Hafen, wo wir uns nicht nur mit einem Fischbrötchen oder Crêpe stärken können, sondern auch den ein- und auslaufenden Schiffen zusehen, die zu den anderen Inseln, Halligen und zu den Seehundsbänken unterwegs sind.

Wir können eine Umrundung der ständig in Veränderung durch die Sturmfluten befindlichen Südspitze, der Hörnum Odde (auch Naturschutzgebiet), als Wanderung unternehmen. Oder wir beobachten die schon seit Jahren immer wieder im Hörnumer Hafenbecken auftauchende Kegelrobbe und die Möwen, die von den Touristen gern mit Heringen gefüttert werden. In Richtung Leuchtturm liegt der Ort mit einigen Einkaufs- und Einkehrmöglichkeiten (z. B. „Café Lund", Tel. 04651/881034, www.lund-sylt.de).

Vom Hafen geht es zunächst auf gleichem Wege zurück, am Ortseingang bleiben wir aber auf der rechten Seite der Hauptstraße und gelangen so auf die Trasse der alten Inselbahn, die hier durch die Dünen von Hörnum nach Rantum und weiter nach Westerland fuhr. Der gut befahrbare Schotterweg führt an Dünen, aber auch an ausgedehnten Salzwiesen der Wattseite entlang. Salzwiesen sind besondere Lebensräume zwischen Meer und Land, die unregelmäßig vom Meerwasser überflutet werden. Besonders angepasste Salzpflanzen wie Queller, Andelgras, Meerstrand-Beifuß, Strandaster oder Strand-Grasnelke prägen den Lebensraum, der auch für Seevögel ein wichtiges Brut-, Rast- und Überwinterungsgebiet darstellt.

In Rantum gelangen wir wieder nahe an die Hauptstraße und fahren rechts von dieser auf einem Radweg bis zum Dikwai, der nach rechts durch ein kleines Wohngebiet direkt zum Radweg auf dem Deich des Rantumbeckens führt (für den, der es eilig hat). Wir aber fahren links auf den Radweg an der Hauptstraße und dann rechts in die Hafenstraße, die wir beim Hinweg schon als Abzweigmöglichkeit für die Kurzstrecke um das Rantum-

Von Hörnum kann man per Schiff zu den Nachbarinseln und Halligen sowie zu Kurz-
seefahrten starten.

becken erwähnt haben. In der
Sylt-Quelle wird nicht nur das aus
dem Sylter Untergrund geför-
derte Mineralwasser abgefüllt,
sondern hier finden wir auch ein
wichtiges Zentrum des Sylter
Kulturlebens mit anspruchsvol-
len Ausstellungen, Veranstaltungen und Festivals. Durch das Gewerbegebiet hindurch erreichen
wir nach der Einnehme eines
köstlichen Heißgetränkes in der
Kaffeerösterei Sylt (Tel 04651/
2995757, www.kaffeeroesterei-
sylt.com) den Rantumer Hafen
und den Deich, auf dem wir

– recht windexponiert – mit
schönem Blick über das Wattenmeer zur Rechten und die Wasserflächen des Rantumbeckens
zur Linken entlangradeln. Westerland und die Kirche St. Seve-
rin in Keitum sind in der Ferne zu
erkennen. Das 1936/37 aus militärischen Gründen (Landeplatz
für Wasserflugzeuge) abge-
deichte Rantumbecken wurde
1962 wegen seiner Bedeutung
für die Vogelwelt als Naturschutzgebiet ausgewiesen. Das sowohl
von Süß- wie Salzwasser beeinflusste Gebiet bietet ein Mosaik

Auf dem Deich des Rantumbeckens kann der Radfahrer den Blick über das Wattenmeer und die Flächen des Binnengewässers schweifen lassen.

an Lebensräumen und beherbergt daher eine Vielzahl unterschiedlicher Vogelarten. Über 250 Arten wurden beobachtet, mehr als 60 finden Brutmöglichkeiten – immer wieder ein interessantes Beobachtungsgebiet für Vogelkundler. Der Säbelschnäbler ist der Symbolvogel des Beckens.

Am Ende des Rantumbeckens steht eine Schutzhütte mit Infotafel zum Küstenschutz, zum Deichbau, zu den Halligen und zu Sandaufspülungen. Wir radeln geradeaus in die Marsch, halten uns an der T-Kreuzung links, überqueren die Brücke und biegen die zweite Straße rechts in Richtung Tierpark ein. Am privat geführten Tierpark Tinnum (ca. 300 Tiere und schöne Gartenanlage) vorbei kommen wir nach Tinnum hinein und biegen links in die Hauptstraße (Dirksstraße) ein, auf der wir Tinnum durchfahren. Am Abzweig zur Tinnumburg können wir noch eines der archäologischen Denkmäler der Insel besichtigen: eine sieben Meter hohe Wallanlage aus der Wikingerzeit. Über die Tinnumer

Straße biegen wir auf die Straße „Trift", über die wir nach rechts wieder den Westerländer Bahnhof erreichen.

Information

Sylt Marketing GmbH
Stephanstraße 6
25980 Westerland
Tel. 04651/82020
www.sylt.de

Tourist-Information
Insel Sylt Tourismus Service GmbH
Hauptverwaltung Westerland
Tel. 04651/9980
www.insel-sylt.de

Tourismus-Service Hörnum
Tel. 04651/96260
www.hoernum.de

**Ausstellungen/Museen/
Sehenswürdigkeiten/Ausflüge**

Sylt Aquarium
Gaadt 33
25980 Westerland
Tel. 04651/8362522
www.syltaquarium.de

Schutzstation Wattenmeer Hörnum/Sylt
Arche Wattenmeer
Rantumer Straße 33
25997 Hörnum
Tel. 04651/881093 u. 8862229
www.schutzstation-wattenmeer.de

Sylt-Quelle
Hafenstraße 1
25980 Rantum
Tel. 04651/920311
www.syltfoundation.com
www.meerkabarett.de
www.sylt-quelle.de

Fahrten ins Weltnaturerbe,
Insel- und Halligfahrten ab
Hörnum
Adler-Schiffe
Boysenstraße 13
25980 Westerland
Tel. 04651/9870888
www.adler-schiffe.de

Tierpark Tinnum
Ringweg 100
25980 Tinnum
Tel. 04651/32601

Von der Ostküste zur Westküste auf der grünen Insel – Nordseeinsel Föhr

Wyk – Midlum – Alkersum – Süderende – Utersum – Witsum – Nieblum – Wyk
Streckenlänge: ca. 34 km; Dauer: knapp 4 Stunden
Anfahrt mit der Fähre von Dagebüll auf dem nordfriesischen Festland

Föhr hat ein gut ausgebautes Radwegenetz, und die Föhr Tourismus GmbH bietet fünf ausgearbeitete und gut beschilderte Rundtouren von 15 bis 40 Kilometern Länge an. Im Folgenden ist eine Tour dargestellt, die vom Fähranleger entlang wichtiger Ortschaften und Sehenswürdigkeiten einmal über die ganze Insel an die Westseite und wieder zurück an die Ostseite führt. Vom Fähranleger geht es zunächst am Flutmarkenpfahl vorbei, der uns die Wasserstände früherer Sturmfluten am Wyker Hafen anzeigt. An der Ampel überqueren wir die Straße und fahren auf dem Radweg Richtung Midlum. In Boldixum, wo wir die Hauptstraße überqueren, müssen wir auf den Verkehr achten, aber dann geht die Fahrt bis Midlum am Rand der Ortschaften mit Blick in die Föhrer Marschlandschaft gemütlich weiter. Ein Abstecher zur Boldixumer Kirche, einem der drei bedeutenden alten Gotteshäuser der Insel, der St.-Nicolai-Kirche aus der Mitte des 13. Jahrhunderts, ist ebenso lohnend wie ein Abstecher im Ort Wrixum zur an der Hauptsraße gelegenen Wrixumer Mühle, einem 1851 erbauten Erdholländer. In Oevenum biegen wir kurz hinter der Friedenseiche von 1870/71 an „Sternhagens Landhaus" (Tel. 04681/59790, www. sternhagenslandhaus.de) rechts in die Marsch. Hier bekommen wir auch einen kleinen Eindruck

Der Flutmarkenpfahl am Wyker Hafen zeigt als höchsten jemals gemessenen Wasserstand den der Sturmflut vom Februar 1825.

von der Ruhe, die in den größten Teilen der Föhrer Marsch zu genießen ist. Nach Überquerung des Kanals fahren wir die zweite Abzweigung links in den Schotterweg und gelangen nach nochmaliger Querung des Kanals nach Midlum, wo wir uns rechts halten. Wir umfahren den Ort am Marschrand und erreichen nach einem kleinen Stück durch die Marsch Alkersum. Hier steht für Kunstinteressierte ein Besuch des Museums Kunst der Westküste auf dem Plan. Das gemeinnützige Stiftermuseum zeigt Werke von Künstlern, die sich mit den Themen Meer und Küste auseinandersetzen. Die Sammlung des Museumsstifters Prof. h. c. Frederik Paulsen, dessen Vorfahren von der Insel Föhr stammen, bildet den Grundstock der Gemäldesammlung. Zur Gesamtanlage gehören auch der Museumsgarten und „Grethjens Gasthof" (Tel. 04681/7474045, www.mkdw.de/informationen/restaurant-und-cafe-grethjens-gasthof), neu errichtet im Stil eines skandinavischen Herrenhauses der Zeit um 1900.

In Alkersum setzen wir die Fahrt ebenfalls am Rande des Ortes zur Marsch fort und biegen dann rechts ab Richtung Borgsum. Wer nicht mehr genügend Zeit für die Fahrt an die Westküste der Insel hat, kann hier bereits Richtung Nieblum fahren und folgt der Beschreibung am Ende, wo es über Nieblum wieder nach Wyk geht. Nun radeln wir durch die flache Landschaft vorbei an der Gehölzgruppe um die Borgsumer Vogelkoje, eine der ehemaligen Entenfanganlagen der Insel, von denen die Boldixumer Vogelkoje nördlich von Wyk auch von Besuchern besichtigt werden kann. Kurz vor Borgsum biegen wir rechts ab Richtung Süderende. Wir passieren den weithin sichtbaren zehn Meter hohen Ringwall der Lembecksburg, eine der bedeutendsten historischen Sehenswürdigkeiten der Insel. Die ehemals von einem Wassergraben umgebene Anlage stammt aus dem 9./10. Jahrhundert und diente wohl den Friesen als Fluchtburg

Die Lembecksburg säumt bei Borgsum den Weg.

In Nieblum steht die größte der drei mittelalterlichen Kirchen Föhrs, die St.-Johannis-Kirche.

vor den Wikingern, die zu der Zeit die Küsten unsicher machten.

An der T-Kreuzung, die später kommt, fahren wir nach links und an einem Wäldchen entlang, wo neben einer Gedächtnisstätte für den Forscher und Heimatkundler Lorenz Braren der kleine Friedhof Monklembergem aus der Wikingerzeit liegt, und erreichen die Laurentiuskirche von Süderende. Sie stammt aus dem 12. Jahrhundert und ist ebenso wie die beiden anderen mittelalterlichen Kirchen der Insel (in Boldixum und Nieblum) von einer Vielzahl

historischer Grabsteine, den sogenannten Redenden Steinen, umgeben. Sie heißen so, weil auf ihnen in verdichteter Form und mit Symbolen die Lebensgeschichte der Verstorbenen erzählt wird.

Wir umfahren die Kirche nach rechts, kommen auf die Hauptstraße nach links und biegen dann wieder nach rechts in die Straße Richtung Utersum. Den Ort Utersum durchfahren wir in einem Bogen, der uns über die Straße „Lung Jaat" am Dorfgemeinschaftshaus „Taarepshüs" vorbeiführt. Diese verlassen wir nach rechts und kommen auf die Straße „Bowen-Taarep" (in dieser liegt auch das Café „Ual Skinne", Tel. 04683/1398, www. ual-skinne.de), von der am Orts-ende nach links der Strunwai ab-zweigt. Auf dem Strunwai verlas-sen wir über eine Fichtenallee den Ort und biegen dann links in die Straße „Klaf", auf der wir rechter Hand das Haus des Gastes erreichen. Hier gibt es nicht nur eine Touristinformation sowie das Restaurant Trii Eilun (Tel. 04683/8979699), sondern hier haben wir die Westküste der Insel erreicht und können über den Sandstrand marschieren, ein Bad nehmen und den Ausblick auf die Nachbarinsel Amrum ge-nießen.

Über die Straßen „Klaf" und „Norder Kaalkamp" kommen wir auf die Straße „Triibergem" (be-nannt nach drei bronzezeitlichen Hügeln, die hier liegen), biegen nach rechts und dann wieder links in den „Waaster Jügem". Dann fahren wir ein Stück auf der K 122 Richtung Wyk, bis es kurz vor Hedehusum rechts Rich-tung Galerie geht. Wir biegen dann wieder links ab und folgen dem Weg, der sich als Traumsich durch die Godelniederung

schlängelt. Abstecher an den Strand der Südküste sind mög-lich. Die Godelniederung mit ih-ren Lagunensalzwiesen beher-bergt nicht nur besonders ange-passte Salzwiesenpflanzen, son-dern ist auch bedeutendes Brut-, Nahrungs- und Rastgebiet, zum Beispiel für Rotschenkel, Säbel-schnäbler, Austernfischer, Sand-regenpfeifer und verschiedene Seeschwalbenarten. In der Ferne ist die Borgsumer Mühle zu se-hen, ein Anfang der 1990er-Jahre nach alten Plänen neu er-

Neben der Borgsumer Mühle gibt es noch vier weitere Mühlen auf der Insel Föhr.

richteter Galeriehölländer. Wo der Asphaltweg nach links in Richtung Borgsum und Alkersum abzweigt, halten wir uns gerade-aus und fahren auf dem kurvigen Schotterweg, bis wir kurz vor Go-ting wieder auf eine Asphalt-straße kommen. In Goting biegen wir gleich rechts ab. Vom Goting-Kliff am Südstrand ist heute

Friesenhaus in Nieblum, das als eines der schönsten Dörfer Deutschlands gilt.

durch Sandüberwehungen nicht mehr viel zu sehen. Am „Kliff-Café" (Tel. 04681/3660, www.kliff-cafe.de) vorbei halten wir uns immer parallel zur Küste und erreichen kurz nach der Surfschule Nieblum den Links-abzweiger, der uns über den Deich an dem Leuchtfeuer Kede-wun und dem Hotel „Osterheide" (Tel. 04681/2895, www.foehr-hotel-osterheide.de) vorbei nach Nieblum hineinführt. Am Haus des Gastes zur Linken vorbei um-fahren wir das kleine Gewässer „De Meere" nach rechts und ge-langen auf die Straße „Bi de Süd", die uns nahe dem Schul-landheim auf die Hauptstraße Richtung Wyk führt. Dort gehrt es rechts weiter aus dem Ort, aber vorher sollte man dem kleinen Friesendorf mit seinen idylli-schen reetgedeckten Häusern und blumenberankten Vorgärten noch einen Besuch abstatten.

Neben Einkaufs- und Einkehr-möglichkeiten wie dem „Alten Landhaus" (Tel. 04681/2572, www.alteslandhaus-foehr.de) sind die Hauptsehenswürdigkeit des Ortes die Kirche St. Johannis – aufgrund ihrer Größe auch als Friesendom bezeichnet – und der Friedhof mit seinen alten Grabsteinen. Der Backsteinbau der Kirche stammt aus der ers-ten Hälfte des 13. Jahrhunderts, wobei das älteste Stück der rei-chen Innenausstattung, ein Tauf-stein mit christlichen Ornamen-ten aus der Zeit um 1200, noch aus einem Vorgängerbau stam-men dürfte.

Nach einem kurzen Wegstück entlang der Hauptstraße geht nach rechts der Rad- und Wan-derweg nach Wyk ab. Dieser führt – vorbei an verschiedenen Infotafeln zur Tier- und Pflanzen-welt der Region – nördlich des Golfplatzes und des Flughafens in einigen scharfen Wegbiegun-gen nach Wyk. Am Ende des Wal-des führt nach links ein Radweg relativ direkt wieder Richtung Fähre (wer es eilig hat). Ansons-ten fahren wir durch die Stadt über den Lindenweg rechts in den Fehrstieg und dann links in die Straße „Am Golfplatz" und weiter in die Gmelinstraße, am

Bevor man das Friesen-Museum in Wyk betritt, muss man durch einen eindrucksvollen Torbogen aus Walkieferknochen gehen.

„Pfannkuchenhaus im Prinzen-Hof" (Tel. 04681/765, www.prinzen-hof.de) vorbei, später mit Blick auf den Strand und die Halligen zur Badestraße, die nach links abzweigt. Dort befindet sich auch die Wattwerkstatt der Schutzstation Wattenmeer mit Aquarien, Ausstellungen und Infotafeln zum Wattenmeer und Naturschutz. Über die Badestraße passieren wir den Haupteingang des Dr.-Carl-Häberlin-Friesen-Museums mit seinen interessanten geschichtlichen, kulturhistorischen und naturkundlichen Ausstellungen und erreichen über den Heymannsweg die Hauptstraße, über die wir nach rechts wieder im Wyker Hafen anlangen. Wenn noch Zeit ist, kann man der Wyker Innenstadt einen Besuch abstatten und zum Beispiel die Ausstellung des Nationalpark-Zentrums besichtigen oder auf der Sandwall-Promenade und durch die kleinen Gassen des Ortes wie die Carl-Häberlin-Straße flanieren.

Information

Fähre
Wyker Dampfschiffs-Reederei (W.D.R.)
Tel. 04681/800
www.faehre.de

Föhr Tourismus GmbH
Feldstraße 36
25938 Wyk auf Föhr
Tel. 04681/300
www.foehr.de

Gästeservice Föhr
Inselweite Servicenummer: Tel. 04681/300
www.foehr.de

Infostellen
Wyk:
W.D.R. Servicegebäude Am Fähranleger 1
Veranstaltungszentrum, Sandwall 38
AQUAFÖHR, Stockmannsweg 1

Nieblum:
Dörpshus, Poststraat 2
Tel. 04681/300

Utersum:
Haus des Gastes, Klaf 2
Tel. 04681/300

Ausstellungen/Museen/Sehenswürdigkeiten

Dr.-Carl-Häberlin-Friesen-Museum
Rebbelstieg 34
25938 Wyk auf Föhr
Tel. 04681/2571
www.friesen-museum.de

Nationalpark-Haus Föhr
Schutzstation Wattenmeer
Strandstraße 60
25938 Wyk
Tel. 04681/1313
www.schutzstation-wattenmeer.de/unsere-stationen/foehr/ausstellung/

Museum Kunst der Westküste
Hauptstraße 1
25938 Alkersum
Tel. 04681/74740-0
www.mkdw.de

Endlos weite Strände und ausgedehnte Kiefernwälder auf der Insel Amrum

Wittdün – Süddorf – Nebel – Norddorf – Wittdün
Streckenlänge: ca. 23 km; Dauer: etwa 2 Stunden
Anfahrt über die Fähre vom Festland (Dagebüll oder Schlüttsiel) oder Wyk auf Föhr

Aufgrund der geringen Größe von nur 20 Quadratkilometern sind die Möglichkeiten für Radtouren auf der Insel Amrum eingeschränkt. Dennoch lässt sich die grandiose Landschaft der Insel auf einer schönen Rundtour genießen. Die Rad- und Wanderwege sind außerordentlich gut markiert und ausgeschildert. Das Landschaftsbild wird geprägt von Kiefernwäldern, großen Dünengebieten und Wiesen. Besonders eindrucksvoll ist der sogenannte Kniepsand, der sich entlang der gesamten Westseite der Insel von Norden bis in den Süden zieht. Diese insgesamt neun Quadratkilometer große Sandfläche ist einer der größten Strände Deutschlands.

Während der Fahrradtour bieten sich immer wieder Gelegenheiten, über den Strand zu wandern, sodass Badebegeisterte sich in die Fluten der Nordsee stürzen können. Aus diesem Grund sollte man daran denken, für diese Tour die Badesachen einzupacken.

Mit der Fähre erreicht man die ungefähr 32 Kilometer vom Festland entfernt gelegene Insel nach einer etwa zweistündigen Fahrt entweder vom Fähranleger Dagebüll oder von Schlüttsiel aus. Der Fähranleger auf Amrum befindet sich in Wittdün, wo auch die hier beschriebene Fahrradtour beginnt und endet. Das Touristeninformationsbüro befindet sich direkt am Fähranleger im grauen Betonbau.

Vom Hafen aus fahren wir in Richtung Hauptstraße. Nach wenigen Metern findet sich auf der rechten Straßenseite eine Tafel, die über Kultur und Natur der Insel informiert. Auf der Inselstraße, die nach einem Rechtsknick durch den Ort führt, fahren wir nun weiter. Nach wenigen Minuten bietet sich über die nach rechts abgehende Straße ein Abstecher zu dem 800 Meter entfernten Seezeichenhafen an, wo man die zur Markierung der Fahrgewässer eingesetzten Bojen in voller Größe bestaunen kann. Oft liegen hier im Hafen

auch der Seenotrettungskreuzer sowie einige Jachten. Wer nun schon Hunger bekommen hat, kann in dem direkt am Hafen gelegenen Restaurant „Seefohrerhus" (Tel. 04682/1451, www.seefohrerhus. com) frischen Fisch genießen.

Der Amrumer Leuchtturm bietet einen herrlichen Blick über die Insel und das Meer.

Zurück an der Hauptstraße fahren wir weiter an dieser entlang auf den weithin sichtbaren Leuchtturm zu. Der 1875 in Betrieb genommene Leuchtturm ist einschließlich Düne 63 Meter hoch und gilt als Wahrzeichen der Insel. Der Aufstieg auf den höchsten Leuchtturm an der schleswig-holsteinischen Westküste ist zwar anstrengend, lohnt sich aber aufgrund des schönen Ausblicks über Amrum sowie die umliegende Inselwelt.
An der Kreuzung am Leuchtturm fahren wir weiter nach rechts Richtung Süddorf; diese ausge-

schilderte Radfahrstrecke ist mit einem gelben Kreis markiert. Die Landstraße, die ebenfalls nach Norden führt, sollte man als Radfahrer meiden, da kein Radweg vorhanden ist.
Der Ort Süddorf, den wir anschließend durchfahren, wird durch die zum Wohnhaus ausgebaute Mühle überragt. Stets auf derselben Straße bleibend fahren wir hinter Süddorf leicht bergauf und erreichen nach kurzer Zeit den Ort Nebel. Gleich am Ortsbeginn zweigt eine Straße nach links ab, die nach ca. 300 Metern das in einer 1771 erbauten Mühle untergebrachte Heimatmuseum der Insel erreicht. Unweit der Mühle findet sich der Heimatlosenfriedhof, auf dem unbekannte Verstorbene beerdigt sind, die an den Amrumer Strand gespült wurden.
Das Ortsbild wird von hübschen Friesenhäusern geprägt, die für ein ganz besonderes Flair sorgen. Besonders sehenswert in Nebel sind die um 1200 errichtete St.-Clemens-Kirche und die sogenannten Sprechenden Steine, alte Grabsteine, auf denen die Lebensgeschichten der Verstorbenen in kurzen, bildhaften Texten dargestellt werden. In den kleinen Gassen finden sich

etliche Cafés und Restaurants; im Folgenden soll nur eine kleine Auswahl erwähnt werden: „Friedrichs" (Tel. 04682/94970, www.hotel-friedrichs. com), ein Restaurant im ältesten Hotel Nebels, das „Friesen-Café" (Tel. 04682/96620, www.friesen-cafe.de), sowie das Restaurant „Seekiste" (Tel. 04682/640, www.seekiste-amrum.de).

Auf der Straße „Waasterstigh" verlassen wir anschließend Nebel in Richtung Norddorf und fahren durch ein hügeliges Gebiet mit Wiesen und Äckern. Rechts und links des Weges kann man sogar einige Hügelgräber sehen, die noch von der Besiedlung der Insel während der Jungsteinzeit und der Bronzezeit zeugen. In Norddorf findet sich abermals eine Fülle an Restaurants und Cafés, sodass sich für jeden Geschmack etwas Passendes finden lassen sollte. Hier eine kleine Auswahl: das „Café Schult" (Tel. 04682/2234, www.cafe-schult.de), einer der ältesten Familienbetriebe Föhrs, sowie das Restaurant „Ual Öömrang Wiartshues" (Tel. 04682/836, www.uoew.de), in dem sich auch ein Hotel befindet.

Bevor wir nun den Radweg zurück nach Wittdün nehmen, soll-

Die Erdholländermühle von Nebel aus dem Jahr 1771 beherbergt das Heimatmuseum.

ten wir unbedingt auf der etwa 1,1 Kilometer langen Straße „Strunwai" zum Kniepsand fahren. Hier befindet sich auch ein Badestrand, und der Sandstreifen bis zur Wasserkante ist vergleichsweise schmal. In den Dünen vor dem Strand kann man noch eine Pause im Naturzentrum einlegen, wo eine Ausstellung über die Pflanzen und Tiere der Wattenmeerlandschaft informiert. Von hier aus bieten sich auch Wanderungen in das bereits seit 1937 bestehende Naturschutzgebiet „Amrum Odde" an der Nordspitze der Insel an. Der Radweg zurück Richtung Süden wird durch ein grünes Dreieck markiert und führt zunächst entlang der Landstraße und anschließend größtenteils durch einen Wald, weshalb der Weg nicht asphaltiert ist, sondern aus Sand und Schotter besteht. Dennoch ist er in einem sehr guten

Eine Wanderung in das Naturschutzgebiet der Amrumer Odde sollte man sich nicht entgehen lassen.

Zustand und lässt sich problemlos befahren. Nach einer Fahrt von knapp 1,5 Kilometern durch den Wald bietet sich ein weiterer Abstecher nach rechts zur alten Vogelkoje an. Die etwa 500 Meter von der eigentlichen Radfahrstrecke entfernt gelegene Vogelfanganlage wurde umfassend restauriert und zeigt nun anschaulich, wie früher während des Frühjahrs- und Herbstzugs hier rastende Wildenten gefangen wurden. Außerdem befindet sich unweit der Vogelkoje noch ein Naturlehrpfad, der über die Besiedlungsgeschichte der Insel zu Zeiten der Jungsteinzeit informiert. Die an dem Pfad angebrachten Schilder geben auch Informationen über die Konsequenzen aus der intensiven Landschaftsnutzung der letzten Jahrhunderte.

Auf dem weiteren Weg zurück nach Wittdün gibt es einige Möglichkeiten, abermals zum Strand zu gelangen und den hier wesentlich breiteren Kniepsand zu erwandern. Besuchenswert sind auch die beiden großen Aussichtsdünen, einmal in Süddorf

und einmal unweit des Leuchtturms, von denen man den Blick
über die Dünenlandschaft der Insel genießen kann. Vorbei am
Leuchtturm gelangen wir wieder
auf den Radweg neben der Landstraße, den wir bis nach Wittdün
fahren. Hier kann man die ver-
bleibende Zeit bis zum Auslaufen
der Fähre mit einem Spaziergang
durch die Stadt verbringen oder
die zahlreich vorhandenen Läden
genauer in Augenschein nehmen. Auch ein Spaziergang entlang der Strandpromenade bietet
sich an, von der man einen herrlichen Blick auf die Nordsee hat,
oder ein Besuch des Infozen-
trums der Schutzstation Wattenmeer über dem Kursaal mitten
im Ort. Außerdem finden sich in
Wittdün viele Cafés und Restaurants, wie zum Beispiel das Café
„Pustekuchen" (Tel. 04682/
961900, www.cafe-pustekuchen-
amrum.de) und die „Kaffeeflut"
(Tel. 04682/ 968865,
www.kaffeeflut.de).

Information

Amrum Touristik
Inselstraße 14, 25946 Wittdün
Tel. 04682/94030
www.amrum.de

Fähre
Wyker Dampfschiffs-Reederei (W.D.R.)
Tel. 04681/800
www.faehre.de

**Ausstellungen/Museen/
Sehenswürdigkeiten**

Leuchtturm
Tanenwai 46a
25946 Nebel
Informationen bei Amrum Touristik in
Wittdün

Naturzentrum Amrum des Öömrang
Ferian i. F.
Strunwai 31, 25946 Norddorf
Tel. 04682/1635
www.naturzentrum-amrum.de

Amrumer Heimatmuseum
In der Windmühle
Waasterstigh 2, 25946 Nebel
Tel. 0151/51266634
www.amrumer-muehle.de

Öömrang Hüs
Amrumer Archiv und Museum
Waswai 1, 25946 Nebel
Tel. 04682/4120
www.oeoemrang-hues.de

Schutzstation Wattenmeer auf Amrum
Am Schwimmbad 1, 25946 Wittdün
Tel. 04682/2718
www.schutzstation-wattenmeer.de/
unsere-stationen/amrum/

Nordfriesisches Festland – durch die Wiedingharde zwischen Klanxbüll und Niebüll

Klanxbüll – Neukirchen – Niebüll – Emmelsbüll – Klanxbüll
Streckenlänge: ca. 55 km; Dauer: etwa 6 Stunden
evtl. Rückkehr per Bahn ab Niebüll bei etwa der Hälfte der Strecke
Bahnhöfe in Klanxbüll und in Niebüll

Die Landschaft und Natur des nordfriesischen Festlandes lässt sich auf einer schönen, ausgedehnten Rundtour erradeln. Wem die gesamte Tour zu lang ist, der kann nach etwa halber Strecke (ca. 30 km) in Niebüll aufhören und mit dem Zug zurück nach Klanxbüll oder nach Hause fahren.

Flache Marschlandschaft am Friedrich-Wilhelm-Lübke-Koog.

Ausgangspunkt der Tour ist das etwa 800 Jahre alte Dorf Klanxbüll, wo sich unweit des Bahnhofs das Infozentrum Wiedingharde befindet, welches sowohl über die Geschichte und Natur der Region als auch über Urlaubsziele und Sehenswürdig-

keiten informiert. Als Wiedingharde wird die Region etwa von der dänischen Grenze im Norden bis Niebüll im Süden bezeichnet. Dies ist eine alte Insel- und Halligenlandschaft, die erst im 16. Jahrhundert durch Eindeichung endgültig mit dem Festland verbunden wurde. Klanxbüll lässt sich relativ gut mit dem Zug erreichen; direkt am Bahnhof gibt es einen großen (gebührenpflichtigen) Parkplatz, sodass man auch mit dem Auto anreisen kann. Wir starten am Bahnhof und fahren die Bahnhofstraße so entlang, dass die Gleise rechter Hand liegen. Am Ende der Straße geht es nach links, und anschließend biegen wir sofort wieder nach rechts in den Spangweg ein. Wer noch vor Beginn der Fahrt dem Infozentrum einen Besuch abstatten möchte, fährt die Straße „Am Bahnhof" weiter und findet das Gebäude an der nächsten Ecke auf der linken Seite. Schon bald verlassen wir den Ort wieder und fahren nach

rechts an der Landstraße entlang. Nach kurzer Fahrt biegen wir dem Wegweiser nach Neukirchen folgend nach links ab. Direkt an dieser T-Kreuzung befindet sich das Hotel und Restaurant „Klanxbüller Stuben" (Tel. 04664/503, www.klanxbueller-stuben.de).

Auf dem weiteren Weg durchfahren wir einen kleinen Ort und kommen an einigen Gehöften vorbei, bis wir südlich von Neukirchen an eine Kreuzung gelangen, wo wir dem Schild in Richtung Nolde-Museum nach links folgen. Sehenswert ist in Neukirchen vor allem die um 1230 als spätromanischer Backsteinbau errichtete Kirche. Neben Resten mittelalterlicher Wandmalereien und einem hölzernen Glockenturm befindet sich in der Kirche ein mehrere Hundert Jahre alter Taufstein. Wenn man im Ort in die erste Straße nach rechts einbiegt, liegt die Kirche nach wenigen Metern auf der linken Seite.

Das Nolde-Museum in Seebüll gehört zu den kulturellen Höhepunkten des Nordens.

Auf dem weiteren Tourverlauf fahren wir fast bis zum Ende des Dorfes und biegen nach rechts in den Nordosterdeich.
An dieser Straßenecke befindet sich auch die „Gaststätte Annelie Rasch" (Tel. 04664/425, www.gaststaette-rasch.de).
Nach einer Fahrt von etwa 200 Metern führt auf der rechten Seite ein Weg zu einem Natur- und Kulturerlebnispfad, welcher über die Geschichte des Deichbaus in der Region informiert.
Auf der Straße geht es weiter, bis bald der Revtoftweg nach rechts abzweigt. Hier weist ein Schild den Weg zum Nolde-Museum. Rechter Hand sieht man entlang der Straße nun eine Reihe von Seen und Teichen, wo sich gut Vögel beobachten lassen.
Vorbei an Feldern und Äckern geht es nun, bis die nächste Straßenabzweigung nach rechts erreicht wird, der Hülltoftweg. Diesen werden wir auf der weiteren Tour entlangfahren, es empfiehlt sich jedoch, noch etwa 500 Meter auf dem Revtoftweg weiterzuradeln, in die nächste Straße nach links einzubiegen und nach

Für Gartenfreunde steht neben dem Museumsbesuch auch stets eine Besichtigung des liebevoll gepflegten Nolde-Gartens auf dem Programm.

900 Metern das Wohnhaus und heutige Museum des Malers Emil Nolde (1867–1956) zu besichtigen. Das beeindruckende Haus hat Nolde, einer der bedeutendsten Maler des Expressionismus, zwischen 1927 und 1937 nach eigenen Entwürfen errichtet. Besonders sehenswert ist auch der von dem Maler angelegte Garten, der das Anwesen umgibt. In dem Gebäude der Stiftung Seebüll Ada und Emil Nolde findet sich zudem das „Restaurant Seebüll" (Tel. 04664/983970, www.nolde-stiftung.de).

Zurück am Hülltoftweg fahren wir diesen entlang. Auf der rechten Seite sieht man nach etwa zwei Kilometern einen kleinen See, die sogenannte Brückengraben-niederung. Dies ist ein ehemaliger Priel, der in den Jahren 1997/98 wiedervernässt wurde, um ein Biotop für Amphibien und Wasservögel zu schaffen. Eine Infotafel liefert detaillierte Informationen über das Projekt. Direkt hinter dem See kommen wir an eine Kreuzung, an der wir nach links abbiegen. An dieser mäßig befahrenen Straße gibt es keinen Radweg. Nach kurzer Fahrt überqueren wir die „Schmale", einen größeren Graben, der zur Entwässerung der Wiedingharde nach der Eindeichung errichtet wurde.

Auf dieser Straße fahren wir nun so lange an Wiesen und Feldern vorbei, bis nach rechts die Straße „Hattersbüllhallig" abzweigt. Auf dieser Straße fahrend halten wir uns in der Biegung links und danach stets geradeaus, bis wir wieder auf die größere Landstraße treffen, wo wir nach rechts abbiegen (ebenfalls kein Fahrradweg vorhanden).

Über eine Brücke geht es nun erneut über einen Entwässerungsgraben und weiter auf der Straße entlang. Nach kurzer Fahrt zweigt nach rechts ein Sandweg ab, der zur Infohütte Gotteskoog führt, welche durch ein Schild an der Abzweigung ausgewiesen ist. Wer den etwa 1,2 Kilometer langen Weg fährt, erreicht am Ende die Infohütte (eingeschränkte Öffnungszeiten). Interessant sind zum einen die tolle Aussicht über das Gebiet des Bundesgaarder Sees, aber auch das gut ausgebaute Wanderwegenetz, welches an der Inforhütte beginnt, sowie die Infotafel, welche die Geschichte des Gotteskoogs erläu-

tert. Das Gebiet des Bundesgaarder Sees und der wenige Kilometer östlich gelegene Gotteskoogsee bildeten früher einmal eine zusammenhängende Wasserfläche, die jedoch im Zuge der Eindeichung und Entwässerung im 16. Jahrhundert stark verkleinert wurde. Erst 1982 begann man mit der Renaturierung der verbliebenen Feuchtgebiete, da man den ökologischen Wert erkannt hatte. Heute bietet dieses Gebiet dem Seeadler Wohnraum und ist für Zugvögel ein wichtiger Rastplatz.

Zurück an der Landstraße geht es in gewohnter Richtung nach rechts weiter. Nach kurzer Fahrt auf dieser Straße biegen wir auf die nächste asphaltierte Straße nach rechts, den Nordergotteskoogweg, ein. Nach etwa 20 Metern Fahrt wird eine Brücke überquert. Auf dieser Straße geht es weiter, bis wieder eine Brücke überquert wird. Danach halten wir uns links und fahren auf der Straße weiter, die nun parallel zu dem überquerten Graben verläuft.

Auf dieser Straße bleibend überqueren wir zuerst die Landstraße zwischen Niebüll und Klanxbüll und dann die Bahnlinie, die nach Sylt führt. An der nächsten Kreu-

zung folgen wir dem Radwegschild Richtung Niebüll nach
links. Der Entwässerungsgraben,
welcher die Straße anschließend
unterquert, ist benannt nach
dem holländischen Deichbau-
meister Claas Jannsen Rollwa-
gen, der ab 1623 die Entwässerung des Gotteskoogs entwi-
ckelte. Wir bleiben stets auf dieser Straße, bis Niebüll erreicht
ist. In dem Ort halten wir uns auf
derselben Straße und fahren
diese dem Schild zum Bahnhof
folgend bis zum Ende durch. Anschließend geht es schräg rechts
auf der Rathausstraße weiter.
Wer die Tour hier beenden
möchte und mit dem Zug zurück-
fährt, biegt nach wenigen Metern
links ab und fährt dann genau
auf den Bahnhof zu.
Um den Rückweg nach Klanxbüll
anzutreten, fahren wir auf der
Rathausstraße weiter. Neben der
um 1400 errichteten Kirche auf
der rechten Seite befindet sich
das mediterrane Restaurant
„Casa Piccoli" (Tel. 04661/
600333, www.casapiccoli.de).
Am Ende der Rathausstraße
kommen wir auf den Rathausplatz, an dem sich der „Ratskel-
ler Niebüll" und die „Kaffee-
maus" (Tel. 04661/7369411,
www.kaffeemaus.de) befinden.

Niebüll wird urkundlich 1436 erstmalig als
„Nubul" erwähnt. Die Kirche stammt aus
dem Jahr 1400.

Weiter geht es die Hauptstraße
entlang, bis man auf der rechten
Seite das Naturkundemuseum
(Tel. 04661/5691, www.nkm-
niebuell.de) sieht. Das Museum
besitzt eine umfangreiche Ausstellung von Tieren des norddeut-
schen Raumes und ist ebenfalls
Infozentrum für den Nationalpark
Wattenmeer.
Richtung Klanxbüll geht es weiter
in die Deichstraße, welche direkt
vor dem Museum nach rechts abzweigt. Die Straße verläuft genau
auf dem alten Gotteskoogdeich,
es ist kein Radweg vorhanden,
aber der Autoverkehr hält sich
auch sehr in Grenzen. Nach einigen Kilometern führt die Straße
um einen kleinen See herum und
beschreibt eine lang gezogene
Linkskurve. Anschließend biegen
wir nach rechts ab in die Straße
„Mitteldeich". Nach kurzer Fahrt
überqueren wir eine Brücke und

Wer sich für das Wattenmeer, Naturschutz sowie die Erdgeschichte und Tier- und Pflanzenwelt des Nordens interessiert, erhält im Naturkundemuseum Niebüll viele Informationen und Anregungen.

biegen dann sofort links ab. Nun geht es so lange geradeaus weiter, bis wir in Emmelsbüll an eine Kreuzung gelangen, wo wir weiter geradeaus auf die Dorfstraße fahren. Auf der rechten Seite erreichen wir nun die in den heutigen Ausmaßen seit 1768 bestehende Rimbertikirche. Etwa 100 Meter hinter der Kirche biegen wir nach rechts ab und gelangen auf dieser Straße fahrend aus dem Ort heraus. Vorbei an einigen Wohnsiedlungen und Gehöften fahren wir so lange, bis wir Diedersbüll erreichen, und biegen dem Schild nach Horsbüll folgend nach links in den Diedersbüller Weg ein. Anschließend biegen wir nach rechts ab, passieren ein großes Feld mit Solaranlagen und bleiben so lange auf dieser Straße, bis wir Klanxbüll erreichen. Nach Überqueren der Bahnschienen gelangt man nach links fahrend wieder zum Bahnhof.

Information

Infozentrum Wiedingharde
Toft 1, 25924 Klanxbüll
Tel. 04668/313
www.wiedingharder-infozentrum.de
(DB-Agentur: Tel. 04668/336)

Touristinformation Niebüll
Bahnhofstraße 6, 25892 Niebüll
Tel. 04661/941015
www.niebuell.de

**Ausstellungen/Museen/
Sehenswürdigkeiten**

Stiftung Seebüll Ada und Emil Nolde
Seebüll
25927 Neukirchen
Tel. 04664/983930
www.nolde-stiftung.de

Naturkundemuseum Niebüll e.V.
Hauptstraße 108, 25899 Niebüll
Tel. 04661/5691
www.nkm-niebuell.de

Richard-Haizmann-Museum
Rathausstraße 2, 25899 Niebüll
Tel. 04661/1010
www.haizmann-museum.de

Friesisches Museum
Osterweg 76, 25899 Niebüll
Tel. 0175/4146185
www.friesisches-museum.de

Von Husum nach Nordstrand und durch den Beltringharder Koog

Husum – Schobüll – Nordstrand (Süderhafen, Norderhafen) – Beltringharder Koog – Wobbenbüll – Husum
Streckenlänge: ca. 57 km; Dauer: 6 Stunden
Bahnhof in Husum

Diese Küstentour führt von Husum über die ehemalige Insel Nordstrand durch das Naturschutzgebiet „Beltringharder Koog" wieder zurück nach Husum.

Vom Husumer Bahnhof fahren wir in die Poppenburgstraße und von dort rechts in die Straße „Damm". So gelangen wir am Schifffahrtsmuseum zum Binnenhafen, wo es rechter Hand zum Marktplatz und in die Innenstadt geht. Nach Überqueren der Brücke umfahren wir das Hafenbecken und gelangen in die Hafenstraße, wo im Nationalpark-Haus nicht nur eine interessante Ausstellung zur Tier- und Pflanzenwelt des Wattenmeeres und des Nationalparks gezeigt wird, sondern man sich auch über die Naturschutzarbeit der Schutzstation Wattenmeer und des WWF informieren kann.

Am Ende der Hafenstraße biegen wir an der Hauptstraße rechts ab und dann gleich links über die Bahngleise am Außenhafen entlang aus Husum hinaus in Richtung Dockkoog, ein 1847/48 eingedeichtes Gebiet. An der Hafeneinfahrt gibt es eine Badestelle und einen Nationalpark-Infopavillon. Hier fahren wir am Deich entlang; die Anhöhe der Schobüller Geest ist in der Ferne bereits zu sehen. Wo der Deich endet, halten wir uns links und kommen über die Alte Dorfstraße nach Schobüll, wo wir auf der Hauptstraße links abbiegen. Das um 1240 gestiftete „Kirchlein am Meer" ist durch seine erhöhte Lage auf dem Geestrücken über die Jahrhunderte ein wichtiger Orientierungspunkt vor allem für die Seefahrer gewesen. Wir radeln an der Hauptstraße weiter vorbei an einer Badestelle, Camping und einigen Einkehrmöglichkeiten, wie zum Beispiel das Restaurant „glücklich am Meer" (Tel. 04846/6014888, www. gluecklich-am-meer.de) in dem sich anschließenden Ort Halebüll. Nach dem Passieren des Rechtsabzweigs in Richtung

Wobbenbüll kommen wir auf den Autodamm, der zur ehemaligen Insel Nordstrand führt, die heute durch die Eindeichung der Nordstrander Bucht Teil des Festlandes geworden ist. Wenn nicht zu heftige Winde aus westlichen Richtungen wehen, sind wir schnell auf Nordstrand, wo wir gleich an einem Infopunkt des Nationalparks, dem kleinem Aussichtsplateau und dem Kunstwerk „7 Flaggen für Nordstrand – Granit, Gneis und Lärchenholz" des Künstlers Tom Müllers links am Deich in Richtung Süderhafen abbiegen. Am Deich entlang passieren wir den Hofladen Baumbach mit Schaf- und Lammspezialitäten, der nach Anmeldung auch Führungen zum Thema „Leben in einer Schäferei" anbietet (Tel. 04842/495, www.lammfleisch.de), und erreichen den Süderhafen mit dem Hotel und Restaurant „Am Heverstrom" (Tel. 04842/8000, www.am-heverstrom.de). An der Straße entlang durch die flache Marsch geht es nach Herrendeich und dort geradeaus weiter an einem alten Deichweg, zum Teil gesäumt von Zitterpappeln, Eschen, Linden und Silberpappeln, deren Blätter im Wind interessant wechselnden silbernen Glanz zeigen, wenn man die Unterseite der grau behaarten Laubblätter sieht. Im Ort Süden liegt rechter Hand die altkatholische Kirche St. Theresia, und am Ende des Ortes fahren wir links Richtung Westen vorbei an der Nordstrander Töpferei (Tel. 04842/400, www.nord-

Der Grundstein des Inseldoms St. Theresia auf Nordstrand wurde 1662 gelegt.

strander-toepferei.de) und kurz darauf rechts an der Gabelung durch den Deich, der hier durch einsetzbare Klappen bei sehr hohen Fluten verschließbar ist. Durch den Ort Westen fahren wir am Schlafdeich entlang, der von idyllisch gelegenen Ferien- und Wohnhäusern gesäumt ist, und erreichen am Deich von Faule-

hörn an einem Nationalpark-Infopavillon mit kleiner Badestelle und Imbiss die Wattenmeerküste. Hier starten die Wattwanderungen und Kutschfahrten zur Hallig Südfall. Ein Stück entlang des Deiches erreichen wir den

Ein besonderes Erlebnis ist die Kutschfahrt durch das Wattenmeer in die Halligwelt.

Fähranleger Strucklahnungshörn, von dem die Fähren zur benachbarten Insel Pellworm sowie weitere Insel- und Halligfahrten starten. Von hier geht es auf der Straße weiter zum Norderhafen, wo es neben verschiedenen Einkehrmöglichkeiten wie zum Beispiel dem Café- Restaurant „Zur Nordsee" (Tel. 04842/8607, www.zur-nordsee.de) auch ein Nationalpark-Infozentrum der Schutzstation Wattenmeer gibt. Wir bleiben ab Norderhafen am Deich, fahren entlang der Häuser, biegen dann in Osterdeich links ab und setzen die Fahrt entweder vor oder hinter dem

Bei einer kleinen Rast am Deich kann man die Weite des Wattenmeeres und den Blick auf die Halligen genießen.

Deich fort. In der Ferne sind alsbald die vier Warften der Hallig Nordstrandischmoor zu sehen. Am Holmer Siel vorbei, das wie alle Siele der Entwässerung des Kooges dient, erreichen wir kurz hinter dem Lüttmoorsiel den Lorendamm zur Hallig Nordstrandischmoor. Geradeaus am Deich weiter kann man einen lohnenden Abstecher zur Hamburger Hallig (11 km einfache Strecke) unternehmen.

Falls es indes Zeit für den Rückweg nach Husum wird, biegen wir von hier an der Badestelle Lütt-

moorsiel, der Integrierten Station Westküste Lüttmoorsiel mit interessanter naturkundlicher Ausstellung (Info Tel. 04671/4047330) und einer Aussichtshütte zur Vogelbeobachtung auf den Lüttmoordamm, von dem aus wir nochmals zu beiden Seiten die Vogelwelt des Naturschutzgebiets „Beltringharder Koog" beobachten können, wie zum Beispiel Kiebitz, Rotschenkel, Uferschnepfe, Seeschwalben, die als Brutvögel zu sehen sind, oder die großen Rastbestände der Gänse und Watvögel

zur Zugzeit im Frühjahr und
Herbst.

Wir überqueren den alten Seedeich und biegen kurz darauf
rechts ab, passieren den Aussichtsturm Kranz und erreichen
die Arlau-Schleuse mit dem
gleichnamigen Hotel und dem
Restaurant Nordsee-Hotel Arlau-
Schleuse (Tel. 04846/69900,
www.nordsee-hotel-arlau-
schleuse.de) sowie der National-
park-Station Arlau-Schleuse
(Tel. 04846/530), die von mehreren Naturschutzorganisationen
gemeinsam betrieben wird und
von der aus naturkundliche Führungen angeboten werden. Wir
bleiben nun weiter am Deich, bis
der Asphaltweg nach links vom
Deich abzweigt, und kommen
nach Wobbenbüll rein, biegen
auf die Hauptstraße nach rechts
und erreichen wieder die T-Kreuzung, an der wir zu Beginn von
links kommend auf den Damm
nach Nordstrand hinübergefah-
ren sind. Wir können jetzt auf bekanntem Weg wieder zurückkehren (in Schobüll rechts in die Alte
Dorfstraße einbiegen) oder uns
dort geradeaus halten und über
Hockensbüll auf der Schobüller
Straße nach Husum hineinfahren. Nach der Unterführung der
Bahnschienen und Straße fahren

Das zweigeschossige Torhaus des Husumer Schlosses aus dem Jahr 1612.

wir links und dann auf dem
Stadtweg rechts in die Nordhusumer Straße, auf der wir wieder
direkt oder über die Hafenstraße
zum Bahnhof kommen.

Wenn noch Zeit ist, bietet Husum
außer Einkaufs- und Einkehr-
auch zahlreiche weitere Besichti-
gungsmöglichkeiten neben den
eingangs erwähnten Museen
und Ausstellungen. Das Nordsee-
Museum Husum – Nissenhaus,
die St.-Marien-Kirche am Markt,
das Schloss vor Husum, das
Theodor-Storm-Zentrum, das
Ostenfelder Bauernhaus und der
Kulturpfad seien nur als Bei-
spiele genannt.

Information

Tourismus und Stadtmarketing Husum
GmbH
Tourist Information Husum/Husumer
Bucht
Großstraße 27, 25813 Husum
Tel. 04841/8987-0
www.husum-tourismus.de

Nordstrand Tourismus
Am Kurhaus 27
25845 Nordstrand
Tel. 04842/454
www.nordstrand.de

Schutzstation Wattenmeer
Beltringharder Koog
25821 Reussenköge
Tel.: 04671/4047330
www.schutzstation-wattenmeer.de/
unsere-stationen/beltringharder-koog/
www.beltringharderkoog.de

Ausstellungen/Museen/
Sehenswürdigkeiten

Schiffahrtsmuseum Nordfriesland
Zingel 15, 25813 Husum
Tel. 04841/5257
www.schiffahrtsmuseum-nf.de

Nationalpark-Haus Husum
Hafenstraße 3, 25813 Husum
Tel. 04841/6685-30
www.nationalparkhaus-husum.de

Schutzstation Wattenmeer Nordstrand
Nationalpark-Haus
Norderhafen, Am Kurhaus 27a
25845 Nordstrand
Tel. 04842/519
www.schutzstation-wattenmeer.de

NordseeMuseum Husum – Nissenhaus
Herzog-Adolf-Straße 25, 25813 Husum
Tel. 04841/2545
www.museumsverbund-nordfriesland.de

Theodor-Storm Haus
Wasserreihe 31, 25813 Husum
Tel. 04841/8038630
www.storm-gesellschaft.de

Schloss vor Husum
König-Friedrich-V.-Allee, 25813 Husum
Tel. 04841/8973130
www.museumsverbund-nordfriesland.de

Freilichtmuseum Ostenfelder Bauernhaus
Nordhusumer Straße 13, 25813 Husum
Tel. 04841/2545
www.museumsverbund-nordfriesland.de

Küste und flache Marsch auf der Halbinsel Eiderstedt

Tönning – Katinger Watt – St. Peter-Ording – Tating – Garding – Kating – Tönning
Streckenlänge: ca. 65 km; Dauer: 7 Stunden; Kurztour (nur Katinger Watt): 22 km
Bahnhöfe in Tönning, St. Peter-Ording, Tating und Garding (Rückkehr von allen
Stationen per Bahn möglich)

Die relativ lange Tour, die aber an verschiedenen Stellen abgekürzt werden kann oder eine Rückkehr per Bahn ermöglicht, führt von der Eidermündung an Deichen und Dünen der Nordseeküste entlang bis zu den weitläufigen Sandstränden St. Peter-Ordings und durch das Zentrum der Halbinsel Eiderstedt über Garding nach Tönning zurück. Startpunkt ist der Bahnhof in Tönning, von dem aus es links in die Badallee und dann weiter über den Kreisverkehr in Richtung Olversum geht. Durch Klein-Olversum kommen wir nach Groß-Olversum, wo wir auf dem Schäferweg an dem Info-Haus Spökenkieker (Ausstellung zur Natur und zum Küstenschutz in Eiderstedt) ankommen und links Richtung Katinger Watt abbiegen. Auf dem Deich kommt von rechts der Weg, auf dem wir später aus Richtung Kating oder von der kleinen Tour der Umrundung des Katinger Watts zurückkehren. Das Naturschutzgebiet „Grüne Insel

mit Eiderwatt", das hier beginnt, ist eines von drei großen Naturschutzgebieten im Bereich der Eidermündung. Linker Hand sehen wir nun auf unserer Strecke das Ästuar der Eider, rechts die zum Teil aufgeforsteten Flächen des Katinger Watts, nun durch Eindeichung und Eidersperrwerk dem Einfluss der Nordsee und der Eider weitgehend entzogen. Der Name ist geblieben, aber um Wattflächen handelt es sich eigentlich nicht mehr. Immerhin bieten die Gehölze aus Eschen, Erlen, Weiden und Silberpappeln dem Radfahrer einigen Windschutz. Wir erreichen das Eidersperrwerk, das 1973 eingeweiht wurde, unter anderem als Küstenschutzmaßnahme für die eideraufwärts liegenden Städte und Siedlungen.

Nach kurzer Besichtigung des technischen Bauwerks und Stärkung im Fischbistro Katinger Watt (Tel. 04833/4250996, www.rhr-eidersperrwerk.de) geht es rechts am Asphaltdeich wei-

![Im Katinger Watt gibt es viele Beobachtungsmöglichkeiten für vogelkundlich Interessierte.]

Im Katinger Watt gibt es viele Beobachtungsmöglichkeiten für vogelkundlich Interessierte.

Der Naturbeobachtungsturm im Katinger Watt ermöglicht einen schönen Überblick über die Landschaft und die Lebensräume des Gebietes.

ter, von wo aus man viele Möglichkeiten zur Beobachtung der Vogelwelt des Katinger Watts hat (u. a. von einem Beobachtungsturm); auch ein Blick über den Deich in den Nationalpark Wattenmeer ist lohnend. Am Abzweig Richtung Tönning geht es links am Asphaltdeich weiter Richtung St. Peter-Ording. Wer nur die kleine Tour um das Katinger Watt unternehmen möchte, biegt rechts nach Tönning ab (ca. 10 km zurück). Auch ein Besuch des NABU Naturzentrums Katinger Watt, das auf der anderen Seite

der Hauptstraße am Katinger
Watt liegt, ist lohnend (Vorsicht
beim Überqueren der Straße!).
Neben vielen Informationen zum
Nationalpark, zur Eidermündung,
zum Naturschutz und zur Tier-
und Pflanzenwelt gibt es hübsche
Gartenanlagen und Beobachtungsmöglichkeiten; es werden
Führungen zu verschiedenen
Themen durchgeführt.
Der Asphaltdeich, an dem wir
weiterradeln, geht alsbald wieder
in einen wesentlich freundliche-
ren grünen Deich mit wehendem
Gras und gemütlich grasenden
Schafen über. Bis Vollerwiek fahren wir entweder vor oder hinter
dem Deich entlang. Dort finden
wir neben einer kleinen Badestelle mit ein paar Strandkörben
auch den Imbiss „Vollerwiek".
Vor dem Deich radelnd können
wir nun den Blick auf die Lah-
nungsfelder, Salzwiesen und
Wattflächen des Nationalparks
genießen und kommen am Wes-
terdeich vorbei zum Schleusen-
haus Ehstensiel mit einem kleinen Sportboothafen. In der Ferne
sind schon die ersten Strand-
Pfahlbauten von St. Peter-Ording
zu sehen. Bald geht es auf den
Deich, und interessante Sand-
Salzwiesen, Dünen und Strände
säumen den Weg. Rechter Hand

Der Böhler Leuchtturm ist ein markantes
Bauwerk auf der Tour entlang des Küsten-
deiches bei St. Peter Ording.

passieren wir den Golfplatz, und
am Böhler Leuchtturm, einem
1892 erbauten rotbraunen Zie-
gelturm von 18,4 Metern Höhe,
geht es wieder vor dem Deich
weiter. An schönen Tagen muss
man hier mit einigem Radler-Ver-
kehr rechnen. Am nächsten großen Strandübergang (rote Holzhäuser mit grünen Dächern)
kann man nach St. Peter-Dorf gelangen, wo es neben Geschäften
und Einkehrmöglichkeiten auch
die Option gibt, vom Bahnhof aus
(Straße „Am Bahnhof") die Rückkehr nach Tönning per Bahn anzutreten.
Auch Bade- und Besichtigungs-
möglichkeiten bietet der lang gezogene Ort St. Peter-Ording an
vielen Stellen, wie zum Beispiel
den Westküstenpark & Robbarium (ein NaturErlebnisTierpark),
das Museum der Landschaft
Eiderstedt und das Nordseebern-

Für viele einer der schönsten Leuchttürme der Welt: der Leuchtturm Westerheversand an der Nordwestseite Eiderstedts.

steinmuseum St. Peter-Ording. Wir radeln immer am Deich entlang bis zur T-Kreuzung des Strandübergangs Ording, wo wir nach rechts fahren, über den Deich und dann scharf links. Auf der Asphaltstraße geht es nun hinter dem Deich weiter, und bald wird es wieder ruhiger, wenn der letzte Strandübergang am Rochelsand hinter uns liegt. Später sollten wir auch mal einen Blick über den Deich werfen, um in der Ferne auf der anderen Seite der Tümlauer Bucht eines der Wahrzeichen Schleswig-Holsteins zu bestaunen: den hoch aufragenden rot-weiß gestreiften Leuchtturm Westerheversand mit den beiden flankierenden Häusern. An den Brösumer Späthingen (Kleingewässer, auch Pütten genannt, hinter dem Deich, aus denen beim Deichbau Erdmaterial entnommen wurde) nicht in Richtung Campingplatz abbiegen, sondern am Deich bleiben. Vorbei an einigen Beobachtungsständen, wo sich Rotschenkel, Säbelschnäbler, Kiebitze, Regenpfeifer, verschiedene Entenarten, zur Zugzeit auch Knutts, Alpenstrandläufer, Ringelgänse und andere beobachten lassen, kommen wir an die Kreisstraße, auf die wir rechts einbiegen, die wir aber wenig später nach links in den Koogsweg wieder verlassen. Nun geht unser Weg recht beschaulich und ruhig durch die Marsch weiter, meist nur begleitet von grasenden Kühen, Schafen, Pferden und Ziegen. In Tholendorf halten wir uns geradeaus und erreichen bald die Kreuzung bei Tating, wo wir rechts in den Ort abbiegen (geradeaus und dann rechts halten geht auch). Tating besitzt mit dem bereits 1103 begonnenen Kirchenbau St. Magnus eines der ältesten Gotteshäuser Eiderstedts und ist damit auch eine der ältesten Siedlungen der Region. Der Bahnhof des Ortes bietet ebenfalls eine Rückkehrmöglichkeit per Zug. Ansonsten fahren wir an dem Café „Waffelstube" (Tel. 04862/201827) nach links an der B 202 weiter. Von der Hauptstraße geht es links ab („Lokert"), kurz darauf wieder links (Lokert 9–13) und dann rechts (Lokert 10). In Medehop überqueren wir die Straße schräg rechts, und bald sehen wir in der Ferne die hoch aufragende Kirche von Garding. An der T-Kreuzung geht es nach rechts und dann links in den

Kirchkoogweg. Wieder links kommen wir in Garding durch ein Wohngebiet in den Norderring, von dem wir nach rechts auf der Norderstraße den Marktplatz ansteuern können. Vorher ist aber noch ein Besuch der Graureiherkolonie (geradeaus am Norderring) möglich, wo neben zahlreichen Saatkrähen auch über 100 Graureiher-Brutpaare ihre Nester in den Wipfeln des kleinen Wäldchens haben.

Die St.-Christians-Kirche in Garding, deren Bau bereits Anfang des 12. Jahrhunderts begonnen wurde, überragt den Markt mit ihrem 43 Meter hohen Kirchturm. Am Markt liegen auch die Touristinformation, Einkehrmöglichkeiten sowie das Geburtshaus des Historikers und ersten deutschen Nobelpreisträgers Theodor Mommsen (1817–1903), der vor allem als großer Kenner der römischen Geschichte und des römischen Rechts gilt. Wir verlassen den Markt über die Fischerstraße und fahren links auf die Hauptstraße (B 202). Am Hafenplatz geht es rechts weiter, kurz vorm Abzweig zum Bahnhof (Bahnhofstraße, Rückkehr per Bahn möglich), und nach Überqueren der Schienen kommen wir auf dem Langrackweg an der Kläranlage

Der malerische Hafen von Tönning wird durch das große historische Packhaus aus dem Jahr 1783 überragt.

vorbei, was auch olfaktorisch zu merken ist. An der T-Kreuzung geht es nach links am Kanal Süder-Bootfahrt entlang, dessen Biegungen nach rechts und später links (Tönninger Weg) wir dann folgen. Der bereits 1613 fertiggestellte Kanal von Garding nach Katingsiel machte Garding zu einer Hafenstadt, worauf diverse Namen im Ort heute noch hinweisen. Über den Tönninger Weg kommen wir an die Rüxbüller Straße, auf die wir nach links abbiegen (kein Radweg) und auf der wir so weit fahren, bis rechts die Dorf-

straße nach Kating abgeht. An der Feldsteinkirche mit der wohl ältesten Glocke Schleswig-Holsteins von 1300 vorbei fahren wir links am Deich des Katinger Watts entlang, kommen am Deichübergang in der Nähe des Info-Hauses Spökenkieker aus und können auf bekanntem Weg zum Bahnhof Tönning zurückkehren. Auch die Hafenstadt Tönning mit ihren kleinen Gassen, den Hafenanlagen, der St.-Laurentius-Kirche und dem alten Packhaus lohnt einen Besuch, wobei für naturkundlich Interessierte vor allem das Multimar Wattforum mit seinen Großaquarien, dem lebensgroßen Pottwal-Modell und zahlreichen Exponaten und interaktiven Modellen zum Nationalpark Wattenmeer und seiner Lebewelt besonders eindrucksvoll ist.

Information

Tourismus-Zentrale St. Peter-Ording
Maleens Knoll 2, 25826 St. Peter-Ording
Tel. 04863/999-0
www.st.peter-ording.de

Tourist-Info Garding
Markt 26, 25836 Garding
Tel. 04862/469
www.garding.de

Tourist- Information Tönning
Am Markt 2, 25832 Tönning
Tel. 04861/61420
www.toenning.de

Ausstellungen/Museen/ Sehenswürdigkeiten

Westküstenpark & Robbarium St. Peter-Ording
Wohldweg 6, 25826 St. Peter-Ording
Tel. 04863/3044
www.tierpark-westkuestenpark.de

Museum der Landschaft Eiderstedt
Olsdorfer Straße 6, 25826 St. Peter-Ording
Tel. 04863/1226
www.museum-landschaft-eiderstedt.de

Bernsteinmuseum St. Peter-Ording
Dorfstraße 15, 25826 St. Peter-Ording
Tel. 04863/5611
www.bernsteinmuseum.de

NABU Naturzentrum Katinger Watt
Lina Hähnle Haus
Katingsiel 14, 25832 Tönning
Tel. 04862/8004
www.schleswig-holstein.nabu.de/natur-und-landschaft/naturzentren-naturstationen-infos/katinger-watt/index.html

Info-Haus Spökenkieker
Schäferweg 9
25832 Tönning/Groß-Olversum
Tel. 04861/617088
www.spoekenkieker-sh.de

Nationalpark-Zentrum Multimar Wattforum
Dithmarscher Straße 6a, 25832 Tönning
Tel. 04861/9620-0
www.multimar-wattforum.de

Holländerstadt Friedrichstadt und Eider-Treene-Sorge-Niederung

Friedrichstadt – Bergenhusen – Meggerdorf – Erfde – Süderstapel – Drage – Seeth – Friedrichstadt
Streckenlänge: ca. 60 km; Dauer: ca. 6 Stunden; kurze Runde über Norderstapel direkt nach Süderstapel: ca. 30 km; Bahnhof in Friedrichstadt

Vom Bahnhof in Friedrichstadt geht es in Richtung Innenstadt. Von der Tönninger Straße fahren wir nach der Überquerung der Brücke links in die Stadt, fahren über die Straße „Am Binnenhafen" rechts in die Westermarkstraße und erreichen den Marktplatz mit seinem Brunnenhäuschen von 1879, einem der Wahrzeichen der Stadt, und der geschlossenen Reihe alter Treppengiebelhäuser in der Bauweise des 17. Jahrhunderts. Die recht junge Stadt wurde von Herzog Friedrich III. von Gottorf 1621 gegründet. Holländische Kaufleute und Glaubensflüchtlinge erbau-

Der Friedrichstädter Markt fasziniert mit seiner eindrucksvollen Reihung von Treppengiebelhäusern.

ten die Stadt in Anlehnung an ihre heimatliche Bauweise, wozu auch die Anlage von Kanälen und Grachten gehörte, auf denen sich heute beschauliche Bootstouren machen lassen. Den Besuch der alten Kirchen, des Stadtmuseums Alte Münze oder der historischen und sehenswerten Gebäude, wie das Doppelgiebelhaus und das Paludanushaus in der Prinzenstraße oder das Fünfgiebelhaus am Fürstenburggraben, müssen wir auf später verschieben, eine lange Tour durch die Eider-Treene-Sorge-Niederung liegt vor uns.

Wir verlassen den Marktplatz in nördlicher Richtung, überqueren den Mittelburggraben, fahren von der Straße „Am Stadtfeld" nach rechts ab in die Osterlilienstraße und gelangen auf die Schleswiger Straße, von der es nach links über die Straße „Tegelhoff" aus dem Holländerstädtchen hinausgeht. Am Ziegelhof halten wir uns rechts, und am Mildterhof vorbei biegen wir

Wasser prägt die Landschaft der Eider-Treene-Sorge-Niederung, hier an der Alten Sorge bei Bergenhusen.

dann links in Richtung Schwabstedt ab (Mildterkoog). An der Hauptstraße geht es ebenfalls (oder über den Plattenweg etwas abseits der Hauptstraße) links und kurz vor der Treene rechts Richtung Norderstapel (über den Plattenweg kommend geradeaus über die Hauptstraße). Linker Hand haben wir nun die gemächlich dahinziehende Treene, die von einer alten Eisenbahnbrücke überquert wird. Zur Rechten sehen wir das Naturschutzgebiet „Ostermoor bei Seeth", ein 400 Hektar großes Niedermoor-Schutzgebiet mit einem Mosaik unterschiedlicher Lebensräume, wie Weidengebüsch, Schilfröhricht, Bruchwald und artenreiches Feuchtgrünland. In der Ferne ragen aus der Niederung die Anhöhen der Altmoränen heraus, die in der vorletzten Eiszeit hier abgelagert worden sind.

Wir erreichen dann den Abzweig nach rechts Richtung Norderstapel. Wer nur die Kurzstrecke über Norderstapel und Süderstapel (hier wieder auf der Rückfahrtstrecke der Langtour) fahren möchte, biegt nun ab. Dabei geht es in Norderstapel links in die Meiereistraße und auf die B 202 rechts, wobei „Siemsens Fischpavillon und Stapelholmer Aalräucherei" (Tel. 04883/862, www. aal-siemsen.de) und „Niemeyers – Landgasthof & Pension" (Tel. 04883/9058985, www.niemeyers-landgasthof.de) im Ort Einkehrmöglichkeiten bieten. Entlang der Bundesstraße verlassen wir Norderstapel und biegen links in die Bahnhofstraße Richtung Süderstapel ein. Für die lange Tour geht es an der Treene entlang weiter bis zur Autobrücke, an der wir die Treene nach rechts verlassen und bis zur B 202 radeln. Wir biegen nach links ab und kurz darauf wieder rechts und fahren bergauf durch den Wald. Bergenhusen liegt auf einem sogenannten Holm, also einer durch die Eiszeiten entstandenen Erhebung in der Landschaft, sodass wir hier einen schönen Blick auf die Niederung haben. Auf ein Hügelgräberfeld in der Nähe weist eine Infotafel hin. In Bergenhusen biegen wir auf die Hauptstraße nach rechts ein, fahren am „Bistro Storchenschnabel" (Tel. 04885/901585, www.bistro-storchenschnabel.de) vorbei und erreichen die zentral gelegene Kirche des Ortes, ein backsteinerner

Hauptattraktion von Bergenhusen ist Ciconia ciconia, der Weißstorch.

Eines der zentralen Gebäude Bergenhusens ist die Dorfkirche von 1712.

Saalbau von 1712; gegenüber liegt der Landgasthof Hoier Boier (Tel. 04885/9015711, www.bergenhusen.de/cafelandgasthof-hoier-boier). Bergenhusen ist als Storchendorf bekannt. An vielen

Im denkmalgeschützten Medauhaus informiert der NABU über den Weißstorch und den Naturschutz in der Region.

Stellen des Dorfes und in den umliegenden Niederungen begegnet man dem Weißstorch, der hier „Hoier Boier" genannt wird. Am besten steuert man das Michael-Otto-Institut im NABU an, ein Ausstellungs-, Forschungs- und Bildungszentrum für Feuchtgebiete, das sich vor allem mit der Erforschung und dem Schutz des Weißstorchs und anderer Vogelarten befasst. Über Adebar und den Schutz der Lebewelt in der Eider-Treene-Sorge-Niederung kann sich der Besucher in dem 150 Jahre alten dorftypisch restaurierten Reetdachhaus des Naturschutzzentrums informieren. Ein Rundweg zur Erkundung des Dorfes ist ausgewiesen, und es werden auch naturkundliche Führungen verschiedenster Art durchgeführt.

Von der Kirche Bergenhusens geht es nach Meggerdorf weiter. Runter zur Niederung halten wir uns links und fahren südlich am Ortsrand unterhalb der gut sichtbaren Windmühle aus Bergenhusen hinaus nach rechts. Kurz vor Fünfmühlen überqueren wir eine Brücke, an der rechts eine kleine Badestelle an der Alten Sorge liegt. In Fünfmühlen fahren wir links (der Weg rechts führt ebenso interessant entlang des Colsrakmoors nach Meggerdorf) an einigen Infotafeln zum Reet und seiner Bedeutung vorbei und sehen bald in der Ferne die privat genutzte Reppelmühle, eine Wind-/Wassermühle, die ursprünglich bei Meldorf stand und 1922 hier zur Entwässerung des Meggerkoogs wieder aufgebaut

Sehenswürdigkeit am Wegesrand durch die Flusslandschaft der Eider-Treene-Sorge-Niederung: die Reppelmühle bei Meggerdorf.

wurde. An der Mühle geht es rechts und dann geradeaus nach Meggerdorf hinein, wo wir an der T-Kreuzung links in den Ort abbiegen und bis zur Straße „Bäckerbarg" fahren, dort rechts hochbiegen und dann wieder nach rechts den Ort verlassen. Über Johannisberg und Hölken, an der Badestelle Meggerdorf vorbei, kommen wir zur Sandschleuse, wo wir kurz vor der B 202 scharf rechts abbiegen. Vorbei an einigen Bänken am Naturschutzgebiet „Alte Sorgeschleife" überqueren wir die Alte Sorge auf einer Brücke und biegen nach rechts ab. Wir fahren nun über Ekel einige Male abbiegend (Beschilderung folgen) Richtung Erfde, wo wir uns rechts halten und an die B 202 kommen, über die wir den Ort verlassen. An der zweiten Straße links („Hausrade") biegen wir ab und gelangen auf den alten Bahndamm, der geradeaus etwa parallel zur B 202 an der Steinschleuse vorbei bis Süderstapel führt.

Hier kommt von rechts aus Norderstapel die kurze Tour auf die folgende Trasse zurück nach Friedrichstadt. Links abbiegend erreichen wir Süderstapel und fahren über Bahnhofstraße und

Hauptstraße bis zum Markt. Linker Hand liegt die aus dem 12./13. Jahrhundert stammende Katharinenkirche. Nachdem die erhöht auf einem Geestrücken errichtete Rundturmkirche, die als Wehrkirche diente, von den Dithmarschern im 15. Jahrhundert zerstört worden war, haben die Stapelholmer sie wieder aufgebaut. Wir fahren auf der Hauptstraße vorbei am Historischen Bauernhaus Ohlsen, dann auf der Mühlenstraße weiter und biegen links ab in die Friedhofstraße, an deren Ende wir rechts über Westerort Süderstapel verlassen. An der Kreuzung halten wir uns links und kommen nach Drage. Von dort fahren wir über den Mühlenweg Richtung Seeth, wo wir in den Ort fahren und an die B 202 kommen. Am „Stapelholmer Heimatkrog" (Tel. 04881/7566, www.Stapelholmer-Heimatkrog. de) mit der „Galerie Ochsenblut" überqueren wir schräg links die Bundesstraße und fahren aus dem Ort. Geradeaus passieren wir die Stelle, wo wir am Anfang der Tour Richtung Schwabstedt abgebogen sind. Vorbei am Mildterhof fahren wir auf bekanntem Wege wieder nach Friedrichstadt und zum dortigen Bahnhof.

Information

Tourismusverein Friedrichstadt
Am Markt 9, 25840 Friedrichstadt
Tel. 04881/9393-0
www.friedrichstadt.de

Eider-Treene-Sorge GmbH
Eiderstraße 5, 24803 Erfde/Bargen
Tel. 04333/992490
www.eider-treene-sorge.de

Ausstellungen/Museen/Ausflüge

Museum „Alte Münze"
Am Mittelburgwall 23
25840 Friedrichstadt
Tel. 04881/1511
www.friedrichstadt.de (unter „Tourismus")

Michael-Otto-Institut im NABU
Forschungs- und Bildungszentrum für
Feuchtgebiete und Vogelschutz
(Medauhaus)
Goosstroot 1, 24861 Bergenhusen
Tel. 04885/570
www.bergenhusen.NABU.de

Schiffsfahrten
Friedrichstädter Grachten- und
Treenefahrten
Günther Schröder
Am Markt 17, 25840 Friedrichstadt
Tel. 04881/876395
www.grachtenschifffahrt.de

Dithmarscher Wattenmeerküste und Speicherköge zwischen Meldorf und Büsum

Meldorf – Wöhrden – Warwerort – Neuer Meldorfer Hafen – Meldorf
Streckenlänge: ca. 38 km; Dauer: 4 Stunden; Abstecher nach Büsum: ca. 10 km
zusätzlich, von Warwerort bis Büsum Hafen (hin und zurück)
Bahnhöfe in Meldorf und Büsum

Die Meldorfer Bucht in Dithmarschen war zu früheren Zeiten bedeutend größer und ist durch Eindeichungsmaßnahmen verkleinert worden. Die eingedeichten Flächen wurden zu Speicherkögen entwickelt, die das durch Entwässerung der Marsch gesammelte Wasser speichern können und heute überwiegend als Naturschutzgebiet ausgewiesen sind. Die Tour führt durch das Hinterland der Marsch und am Speicherkoog nahe der Nordsee zurück – mit einem Abstecher in den Touristenort Büsum.

Vom Bahnhof in Meldorf fahren wir nach rechts auf die Straße „Am Bahnhof", bis links die Klosterstraße abgeht, auf der wir zum Domplatz gelangen. Dort finden wir die Touristinformation und den zwischen 1250 und 1300 erbauten hoch aufragenden Dom. Die dreischiffige Basilika kann auch besichtigt werden; unweit vom Markt liegt das Dithmarscher Landesmuseum in der Bütjestraße.

Vom Domplatz fahren wir nördlich in die Norderstraße, gleich wieder links über die Zollstraße zur B 5, halten uns am gegenüberliegenden Landwirtschaftsmuseum rechts und fahren dann wieder links auf die Straße Richtung Büsum (Hafenchaussee). Wir passieren die Abzweigungen zum Speicherkoog sowie zur Papierfabrik und zum Meldorfer Hafen und halten uns geradeaus Richtung Barsfleth. Nach Wöhrden, unserem nächsten Zielort, kann man jetzt immer etwas abseits der Landesstraße fahren. So geht es in Thalingburen links in den Süder-Kirchweg hinein, in Barsfleth dann rechts halten und anschließend links auf die Landstraße einbiegen. In Höhe Barsfletherdeich kommt links ein Abzweig in Richtung Speicherkoog, was die Möglichkeit einer Abkürzung der Tour eröffnet; kurz darauf geht es für uns rechts nach Dreihusen ab. In der Ferne sind die Anlagen der Ölraffinerie Hemmingstedt zu sehen, in denen die

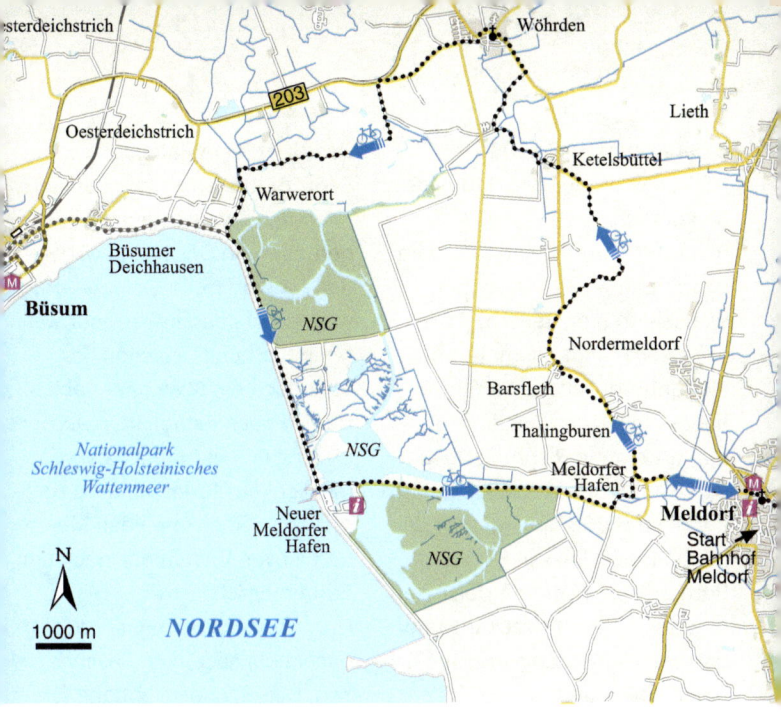

vom Naturschutz heftig kritisierte Ölförderung aus dem National-park Wattenmeer verarbeitet wird. An dem Gehöft mit hohen Schwarzpappeln biegen wir links ab, und an weiteren Pappeln entlang radeln wir bis zur T-Kreuzung; dort biegen wir links ab und fahren an hohen Weidenbäumen entlang nach Ketelsbüttel, wo es nach Überqueren der Hauptstraße die zweite rechts und wieder links auf den Plattenweg bis zur Straße „Wöhrdener Hafen" weitergeht; dort rechts weiter über Wackenhusen. Wieder an der Hauptstraße geht es links nach Wöhrden, wo wir den

Ort zunächst nach links in den Schwarzen Weg abbiegend südlich umfahren und dann nach rechts über die Hafenstraße zum Marktplatz und zur 1786–1788 im barocken Stil erbauten St.-Nicolai-Kirche hinauffahren. Die Kirche gehört ebenso wie weitere Stationen (z. B. das Alte Rektorat, die Alte Vogtei, die Meierei und das Alte Pastorat) zu einem 15 Punkte umfassenden Kulturpfad im historischen Ortskern des 1281 erstmalig urkundlich erwähnten Dorfes. Die einzelnen Stationen werden erläutert, und ein Faltblatt kann man zum Beispiel im „Gasthof

Oldenwöhrden" (Tel. 04839/ 95310, www.oldenwoehrden.de) bekommen.

Richtung Norden kann man vom Wöhrdener Markt Heide und Wesselburen ansteuern, die jeweils etwa neun Kilometer von hier entfernt liegen. Wir fahren aber in Richtung Westen vom Markt weiter in Richtung Büsum und Großenbüttel, zunächst auf der alten B 203 und kurz vor der neuen B 203 links in Richtung Büttlerdeich, über den Deich geradeaus bis zur T-Kreuzung und dort rechts Richtung Warwerort. Wo rechter Hand der alte Deich mit den hohen Pappelbäumen zu sehen ist, fahren wir rechts hinüber, überqueren den Deich und radeln links am Deich mit den Pappeln entlang (geradeaus ginge es über die in der Ferne zu sehende B 203 nach Reinsbüttel). Der Weg führt später an Fischteichen vorbei und ist dann nur noch ein grasbewachsener Weg (evtl. schieben), auf dem es über den Deich und dann an diesem entlang bis zu einem Siel geht, wo wir das wegbegleitende Kanalgewässer überqueren können. In Warwerort fahren wir gleich links durch das Deichtor und dann am Golfplatz entlang bis zum Seedeich, wo sich ein Parkplatz, eine Badestelle sowie Schutzhütte, Strandpavillon und Infotafeln zum Wattenmeer befinden. Hier am Deich sind wir wieder auf dem Nordseeküsten-Radweg. Links geht unsere Tour weiter in Richtung Speicherkoog, aber auch ein Abstecher nach Büsum nach rechts am Deich entlang in Richtung Westen ist möglich (ca. 10 km hin und zurück). Die Rückkehr nach Meldorf ist von Büsum aus auch per Bahn möglich.

Der Weg nach Büsum sei zunächst als Abstecher beschrieben: Den Seedeich entlang fahren wir Richtung Büsum und halten uns in Büsumer Deichhausen rechts, bleiben aber am Deich und biegen an der Hauptstraße links ab. Auf der Deichhausener Straße überqueren wir die Straße „Hafentörn" und biegen dann nach rechts in den Bürgerweg ein, den wir bis zu den Bahnschienen fahren, dort links und an den Gleisen entlang bis zum Bahnhof. Für einen Besuch der Innenstadt und des Hafens fahren wir über den Parkplatz des Supermarkts am Bahnhof und dann links. Man kann zum Beispiel über Bahnhofstraße und Alleestraße an zahlreichen Geschäften, Restaurants und Fisch-

buden vorbei den Hafen Büsums
ansteuern. Hier kann man einiges unternehmen: einen Deich-
spaziergang, ein Bad in der Nordsee, eine Wattwanderung, eine
Ausflugsfahrt oder einen Besuch
der zahlreichen Ausstellungen.
Neben dem Museum am Meer
zum Alltag der Küstenfischer und
der Krabbenverarbeitung ist
auch ein Besuch der Phänomania Büsum, einem Erlebniszen-
trum und Mitmachmuseum mit
über 200 Experimentierstatio-
nen, zu empfehlen.

Die Stadt Büsum mit ihrem Hafenflair und
diversen Besichtigungs- und Einkaufsmöglichkeiten lohnt einen Abstecher.

Vom Hafen verlassen wir über
den Fischerkai und die Dr.-Mar-
tin-Bahr-Straße vorbei am For-
schungs- und Technologiezen-
trum Westküste FTZ, einer Au-
ßenstelle für fachübergreifende
Küstenforschung der Christian-
Albrechts-Universität zu Kiel,
über den Hafentörn Büsum
und kommen über die bekannte
Strecke am Deich wieder nach
Warwerort.
Hier blicken wir nochmals auf
den eindrucksvollen Kontrast
zwischen dem alten und dem
neuen Seedeich mit der unter-
schiedlichen Höhe und Profilie-
rung der Deichseiten. Wir fahren
nun weiter am Deich entlang des
Speicherkoogs und Naturschutzgebiets „Wöhrdener Loch". Zahl-

reiche Beobachtungshütten
laden zur Beobachtung der vielfältigen Seevogelfauna ein. An
verschiedenen Stellen stehen
Infotafeln über das Naturschutzgebiet, die Vogelwelt, aber auch
den Naturschutz allgemein.
Entlang des Deiches erreichen
wir den Neuen Meldorfer Hafen
mit einem Wohnmobilstellplatz,
der Fischbrötchenbude Stulle
und Pulle (Tel. 04832/9795206,
www.stulleundpulle.de) und einem beliebten Surfrevier auf den
Wasserflächen des Speicherbe-
ckens, in dem das Wasser des
Binnenlandes gesammelt wird,
um es bei Niedrigwasser durch
die geöffneten Sieltore in die
Nordsee abfließen zu lassen. Wir
begeben uns dann auf die
Straße Richtung Meldorf, können
uns aber vorher noch in der Na-
tionalpark-Station "Wattwurm"
der Schutzstation Wattenmeer

Die ehemaligen, eingedeichten Wattenmeerflächen, die als Speicherköge genutzt werden, sind heutzutage überwiegend als Naturschutzgebiete ausgewiesen.

über über das Wattenmeer und seine Lebewelt eingehend informieren. Mit hoffentlich gutem Rückenwind aus Westen fahren wir an verschiedenen Beobachtungsstationen, Wasserflächen und aufgewachsenen Büschen, Bäumen und Sträuchern entlang durch das Naturschutzgebiet des Speicherkoogs bis zum Deich, an dem wir links abbiegen. An der Papierfabrik vorbei geht es links über eine Brücke und dann wieder zu der Hauptstraße, auf der wir nach rechts wieder auf gleichem Wege wie zu Beginn der Tour, nur aus anderer Richtung kommend, nach Meldorf hineinfahren.

Information

Touristinformation Mitteldithmarschen
Nordermarkt 10, 25704 Meldorf
Tel. 04832/97800
www.echt-dithmarschen.de

Tourismus Marketing
Service Büsum GmbH
Südstrand 11, 25761 Büsum
Tel. 04834/9090
www.buesum.de

**Ausstellungen/Museen/
Sehenswürdigkeiten**

Dithmarscher Landesmuseum
Bütjestraße 2–4, 25704 Meldorf
Tel. 04832/60006-0
www.landesmuseum-dithmarschen.de

Dom-Besichtigung Meldorf
Tel. 04832/6740

Schleswig-Holsteinisches
Landwirtschaftsmuseum
Jungfernstieg 4, 25704 Meldorf
Tel. 04832/979390
www.landwirtschaftsmuseum-schleswig-
holstein.de

Phänomania Büsum
Dr.-Martin-Bahr-Straße 7, 25761 Büsum
Tel. 04834/965517
www.phaenomania-buesum.de

Museum am Meer
Am Fischereihafen 19, 25761 Büsum
Tel. 04834/6734
www.museum-am-meer.de

Nationalparkstation „Wattwurm"
Schutzstation Wattenmeer
Hafenstr. 2. 25704 Meldorf
Tel. 04832/6264
www.schutzstation-wattenmeer.de/unsere-
stationen/meldorfer-speicherkoog/

Die Ostseeküste

Schutzgebiet „Geltinger Birk" und angrenzende Ostseeküstengebiete

Gelting – Geltinger Birk – Falshöft – Kronsgaard – Schwackendorf – Rabenholz – Gelting
Streckenlänge: ca. 36 km; Dauer: knapp 4 Stunden; Abstecher Maasholm (ca. 5 km, einfache Strecke)

An zahlreichen Stellen ist die Ostseeküste entweder stark touristisch genutzt, unzugänglich oder verbaut. An der Geltinger Bucht haben wir mit dem Naturschutzgebiet „Geltinger Birk" eine Ostsee-Halbinsel, auf der man einen Eindruck von der Vielfältigkeit der Ostsee-Lebensräume bekommen kann, wenn diese einigermaßen unbeeinflusst und ungestört sich entwickeln können.

Seit 1934 ist das Gebiet unter Schutz. Es steht im Mittelpunkt und am Anfang der Tour an der nördlichen Ostseeküste zwischen Flensburg und der Schlei. Startpunkt ist die St.-Katharinen-Kirche im Ort Gelting, eine spätgotische Backsteinkirche, die in den Jahren 1792–1794 erweitert und zu einer klassizistischen Saalkirche umgebaut worden ist. Unweit der Kirche befinden sich Parkplätze, aber auch am Naturschutzgebiet „Geltinger Birk", das auf unserer Tour liegt, findet man Parkmöglichkeiten. Gegenüber der Kirche liegt eines der ältesten Gebäude des Ortes, der „Gasthof Gelting" mit dem griechischen Restaurant "Hellas" (Tel 04643/2203, www.hellas-gelting.jimdofree.com), der bereits um 1841 an dieser Stelle als einstöckiger Kirchkrug erbaut wurde und 1898 das reich verzierte Obergeschoss erhielt.

Wir verlassen den Ort in nördlicher Richtung und biegen am Ortsausgang nach links Richtung Goldhöft und Zur Birk ab. Ein kleines Stück weiter geradeaus zur Rechten liegen das erstmals 1231 erwähnte Gut Gelting und dessen dreiflügeliges, privat genutztes Herrenhaus, das von einem Wassergraben umgeben ist und nicht besichtigt werden kann.

Hinter Goldhöft geht es links zum Naturschutzgebiet, und vorbei am Parkplatz passieren wir das Wahrzeichen der Geltinger Birk: die 1794 erbaute Erdholländermühle „Charlotte". Die heute privat genutzte Mühle diente früher neben dem Kornmahlen vor

Leuchtturm Kalkgrund

N

1000 m

OSTSEE

NSG
Geltinger
Birk

Nieby

Falshöft

Goldhöft

Pommerby

Golsmaas

St. Katharinen
Start

Gelting

199

Bobeck

Pottloch

Kronsgaard

Hafferholz

Rabenholz

Gundelsby

Hasselberg

Barfußpark

Gut Oehe

Schwackendorf

Kieholm

Wormshöft

Naturerlebnisraum

Klein
Vogelsang

Exhöft

Rabel

Wormshöfter
Noor

NSG
Oehe-
Schleimünde

Stutebüll

Kleefeld

Maasholm

Grimsfeld

Schlei

allem der Entwässerung des Gebietes. Linker Hand liegen die Wasserflächen des Geltinger Noors, die zu dem 773 Hektar großen Naturschutzgebiet gehören, ebenso wie weitere gefährdete Lebensräume der Ostseeküste (Salzwiesen, Dünen und Strandwälle, Eichenkratts, Moore u. a.), aus denen eine reiche Tier- und Pflanzenwelt resultiert. 170 Vogelarten, davon über 70 als Brutvögel, können im Gebiet beobachtet werden. Von den Besonderheiten der Pflanzenwelt seien Meerkohl, Eibisch, Sonnentau, Blutroter Storchschnabel, Stranddistel und Natternzunge erwähnt. Die Flächen werden als „halboffene Weidelandschaft" von Robustrindern und Pferden ganzjährig beweidet. Die wilden Konikpferde, die erstmals im Jahr 2002 ausgesetzt wurden, beweiden zusammen mit Schottischen Hochlandrindern die gesamte Birk. Die Weidetiere sollen als Wildtiere nicht angelockt werden und dürfen auf keinen Fall gefüttert werden.

Die Radtour führt uns vorbei an bizarr gewachsenen Eichen, Buchen und Eschen im sogenannten Gespensterwald. Der von der Ostsee beeinflusste Wald ist durch den starken Wind und die umherfliegenden Salzteilchen zu seinen interessanten Wuchsformen veranlasst worden. An der NABU-Schutzhütte kann man sich informieren, und es starten naturkundliche Führungen von hier. Genießen Sie bei der Weiterfahrt den Blick auf die Ostsee mit den Sand- und Geröllstränden, auf den rot-weißen Leuchtturm Kalkgrund mit seinen drei Galerien und auf die weiten Flächen des Hinterlandes. Von der Aussichtsplattform kann man den Strand gut überblicken, der an den meisten Stellen im Naturschutzgebiet während der Brutzeit der Seevögel im Frühjahr und Sommer gesperrt ist. Auch die dänischen Inseln Langeland und Ærø sind in der Ferne zu sehen. Die 2003 eröffnete Integrierte Station Geltinger Birk kümmert sich um die Naturschutz- und Informationsarbeit in der Geltinger Birk und in weiteren Naturschutzgebieten der Gesamtregion. Am Parkplatz am Ende der Birk gibt es nach links eine Rückkehrmöglichkeit zur Mühle „Charlotte" (ca. 6 km von hier, Abkürzungsmöglichkeit der Tour).

Wir passieren den 1910 in Betrieb genommenen, 24 Meter hohen Leuchtturm Falshöft (unter

Am Geltinger Birk: Der Meerkohl (hier gerade blühend) ist eine typische Salzpflanze des Ostseestrandes.

Denkmalschutz, u. a. für Trauungen genutzt) und biegen vorm Campingplatz rechts Richtung Binnenland ab, wo wir auf den Ostseeküsten-Radweg kommen. Wir fahren bis zur Straße, dort links, in Pommerby wieder links, ein Stück Schotterweg und an der Hauptstraße wieder links, in Kronsgaard links zum Strand bei Pottloch und dort rechts am Wasser entlang bis zum Campingplatz Drecht. Geradeaus weiter an der Ostsee entlang sind Abstecher nach Kappeln an der Schlei (ca. 10 km) oder nach Maasholm (ca. 5 km) möglich, wo sich ein Besuch des Naturerlebniszentrums Maasholm, der Vogelwärterhütte am Naturschutzgebiet „Oehe-Schleimünde" und des idyllischen Fischerdorfs an der Schlei anbietet. Von dort ist ein Schiffsausflug zur Lotseninsel in der Schleimündung möglich mit dynamischer Naturlandschaft, Hafen, Leuchtturm, Giftbude und Lotsenhaus der Lighthouse Foundation. Ansonsten geht es am Campingplatz Drecht nach rechts von der Ostsee ab und langsam zurück

Die Erdholländermühle „Charlotte" ist das Wahrzeichen der Geltinger Birk.

gen Gelting. An der nächsten Straße halten wir uns rechts und dann wieder links zur B 199. Kurz vor dieser liegt die „Fischerklause Kieholm" (Tel. 04642/6311) (gut zu erkennen an dem hohen Schornstein mit der Aufschrift „Aale"), wo sich eine kleine Stärkung mit einem Fischbrötchen anbietet. Wir überqueren die Bundesstraße bei Kieholm und kommen nach Schwackendorf, wo wir uns links halten und am Barfußpark vorbeikommen. Hier können die Fußsensoren so richtig getestet werden, was nicht nur entspannend, sondern auch stressabbauend ist; für Kinder ist das Barfußlaufen ohnehin ein besonderes Vergnügen.

Im Ort Schwackendorf halten wir uns dann rechts Richtung Stutebüll, streifen den Ort und folgen am Ortsausgang dem Linksknick der Straße nach Vogelsang. Über die größere kreuzende Straße fahren wir geradeaus hinweg und dann rechts nach Vogelsang weiter, wo wir uns geradeaus halten und an der Hauptstraße links Richtung Gelting weiterfahren.

Über Rabenholz können wir uns dann nach Gelting hineinrollen lassen und gelangen wieder an die B 199, die wir an der Ampel geradeaus überqueren. Linker Hand liegen die Touristinformation und eines der schönsten und ältesten Gebäude Geltings: das Gemeindehaus mit seinem dunklen Fachwerk, roten Ziegelfüllungen und Reetdach, 1733 im Stil eines Altangler Bauernhauses errichtet und 1926 umfassend restauriert. Kurz darauf erreichen wir wieder unseren Ausgangspunkt, die St.-Katharinen-Kirche zur Linken und den „Gasthof Gelting" zur Rechten.

Information

Touristikverein Ferienland Ostsee Geltinger Bucht e. V.
Nordstraße 1a, 24395 Gelting
Tel. 04643/777
www.ferienlandostsee.de

**Ausstellungen/Museen/
Sehenswürdigkeiten**

NABU Infohütte Geltinger Birk
(mit ganzjährig geöffnetem WC)
Kleine Ausstellung,
Infos zu Führungen und Veranstaltungen
unter Tel. 04643/189474
www.schleswig-holstein.nabu.de (unter
„Natur & Landschaft")

Integrierte Station Geltinger Birk
Falshöft 11, 24395 Nieby
Tel 04643/1862348
www.schleswig-holstein.de/DE/fachinhalte/N/naturschutz/geltingerBirk.html

Naturerlebniszentrum Maasholm
Exhöft-Seeberg 1, 24404 Maasholm
Tel. 04642/921680 u. 0172/5707477
www.naturerlebniszentrum.de

Barfußpark in Schwackendorf
Schwackendorf 37, 24376 Hasselberg
Tel. 04642/965178
www.barfusspark-schwackendorf.de

Lotseninsel
Schleswiger Werkstätten und
Lighthouse Foundation
Kanalstraße 67a, 24159 Kiel
Tel. 0431/6684680
www.lighthouse-foundation.org und
www.lotseninsel.de

Schleswig, Schlei und Südangeln

Schleswig – Fahrdorf – Missunde – Rieseby – Lindau – Süderbrarup – Schaalby – Schleswig
Streckenlänge: ca. 66 km; Dauer: 7 Stunden; Rückkehr per Bahn ab Rieseby oder Süderbrarup möglich, Abkürzung über Missunde und Brodersby möglich (37 km)
Bahnhöfe in Schleswig, Rieseby und Süderbrarup

Die Schleiregion zwischen Schleswig und Kappeln ist seit dem Jahr 2008 auf einer Fläche von 50 000 Hektar als „Naturpark Schlei" anerkannt worden (einer von sechs Naturparken in Schleswig-Holstein) und bietet für Radfahrer und Wanderer viele Möglichkeiten, die sanft hügelige und buchtenreiche Ostseefördenlandschaft zu erkunden. Von den Touristinformationen der Region gibt es diverse ausgearbeitete Touren, von denen 15 Themen-Törns sich allein in der Schleiregion befinden.
Wir starten unsere Tour an einem der bekanntesten Museen des Landes, dem Wikingermuseum Haithabu, einem modernen archäologischen Museum, das die Zeit vor 1000 Jahren, als die Wikingersiedlung eine der Handelsmetropolen Nordeuropas war, erlebbar macht. Hier gibt es Parkmöglichkeiten, und vom Schleswiger Bahnhof ist das Museum auch gut erreichbar. Wir verlassen den Museumsparkplatz nach rechts an die Schlei und radeln mit Blick auf die Stadt Schleswig mit dem hoch aufragenden Dom der Stadt durch Fahrdorf und dann links nach Stexwig. In Stexwig geht es über die Bäderstraße weiter nach Borgwedel, wo man sich im „Naturerlebnisraum Ziegelei Borgwedel" (direkt an der Schlei) über die Herstellung dieses wichtigen Baumaterials informieren kann. Über den Eckersbargredder verlassen wir Borgwedel und kommen bei Osterlieth an die Kreisstraße, fahren nach links Richtung Güby, am Golfplatz vorbei. Entweder hier oder noch ein Stück durch den

Eindrucksvoll überragt der Dom St. Petri die landschaftliche Szenerie an der Schlei bei Schleswig.

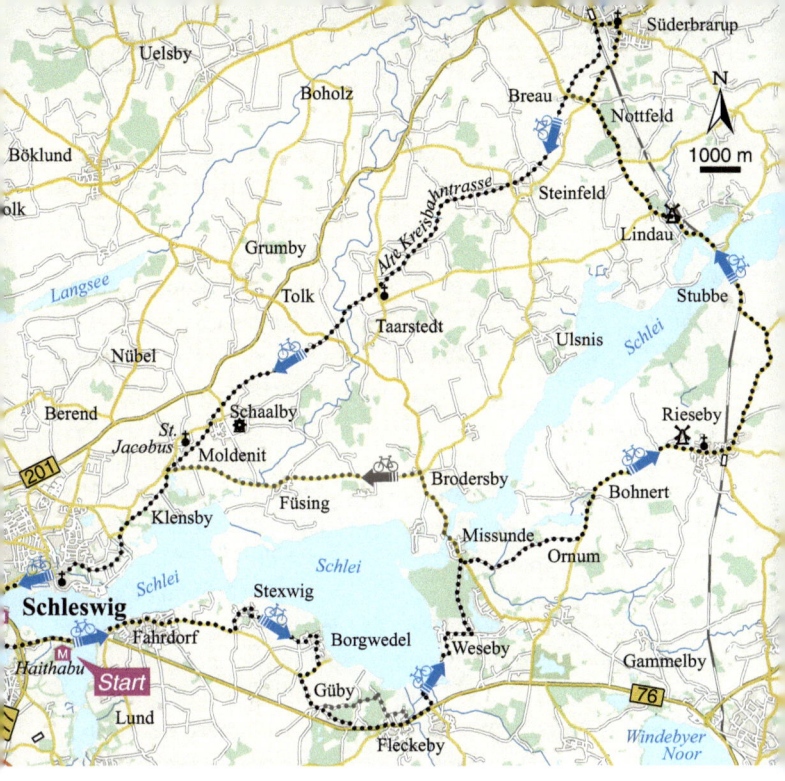

Wald gelangen wir rechts abbiegend an die B 76. Hier biegen wir nach links auf den Radweg und durchfahren den Ort Fleckeby. Für Freunde alter Gemäuer ist an mehreren Stellen ein Abstecher zum 1772–1776 erbauten Herrenhaus Louisenlund möglich, über dessen Gelände ein Wanderweg führt; die als Bildungseinrichtung genutzten Gebäude sind aber nicht zu besichtigen. Nach dem Passieren des Ortsausgangsschildes von Fleckeby biegen wir kurz darauf links ab Richtung Missunde. Mit herr-

lichem Blick über die Große Breite der Schlei geht es auf befestigten Sand- und Schotterwegen an Sandstränden und kleinen Wäldchen entlang bis Weseby, wo wir scharf rechts abbiegen und kurz darauf wieder links; durch ein Wäldchen kommen wir zur L 179, die links zur Fähre Missunde führt. Hier kann man einen Abstecher zur Schlei machen und das Großsteingrab von Missunde besichtigen oder für die kurze Strecke – nach Querung der Schlei über Brodersby und Moldenit (siehe Langtour) –

Bei Missunde kann man die Schlei per Fähre überqueren.

den Rückweg nach Schleswig antreten (Streckenlänge als kleine Schlei-Rundtour: ca. 37 km). Wer noch Kraftreserven hat, biegt an der L 179 Richtung Rieseby rechts ab und gleich darauf wieder links; am Ende des Ornumer Weges geht es rechts auf die Kreisstraße und dann mit schönem Blick über das Ornumer Noor an Bohnert vorbei. In der Ferne taucht bald das Wahrzeichen von Rieseby auf: die Windmühle „Anna" in Norby, ein Galerieholländer von 1911, in dem sich das Heimatmuseum mit über 2000 Exponaten zur Geschichte der Region befindet. Wir durchradeln den Ort Rieseby, in dem es Einkehrmöglichkeiten (z. B. „Riesby Krog", Tel. 04355/ 989875, www.riesby-krog.de) und ein weiteres Wahrzeichen (neben der Mühle „Anna") gibt: die St.-Petri-Kirche, eine spätromanische Backsteinkirche. Im

Ort überqueren wir die Bahnschienen, an denen rechts der Bahnhof liegt (Rückkehrmöglichkeit über Eckernförde nach Schleswig per Bahn), und fahren links auf die L 27, von der wir nach ca. drei Kilometern nach links Richtung Lindaunis abbiegen. Wir fahren dann rechts parallel zu den Bahngleisen und können uns am Obsthof Stubbe (Tel. 04355/1458, www.gutstubbe.de) in dem Café oder bei selbst gepflücktem Obst stärken. Die alte Klappbrücke bei Lindaunis war nicht mehr zu reparieren und wird in den nächsten Jahren erneuert. Bis dahin gibt es eine provisorische Lösung für Fußgänger und Radfahrer, um die Schlei an dieser Stell zu überqueren, wo am anderen Ufer das

Die alte kombinierte Klappbrücke bei Lindaunis für den Auto-, Zug- und Radfahrer/Fußgängerverkehr war in die Jahre gekommen und wurde abgebrochen. Bis zum Neubau gibt es eine provisorische Schlei-Überquerungslösung für Radfahrer und Fußgänger.

Auf dem Weg entlang der Schlei kann man immer wieder den Blick auf kleine verträumte Buchten an dieser tief ins Binnenland ziehenden Ostseeförde werfen.

Restaurant und Café „Zur Schlei-brücke" (Tel. 04641/9862788, www.zurschleibruecke.de) liegt. Wir fahren sodann links Richtung Süderbrarup weiter, überqueren die Bahnschienen und kämpfen uns die Anhöhe hinauf. Wer an der Schlei bleiben möchte, kann links abbiegen und über Ulsnis und Brodersby nach Schleswig zurückkehren. Ein Schild „Zum Landarzt" weist darauf hin, dass Freunde der berühmten Fernseh-serie „Der Landarzt" in diesem Gebiet verschiedene Drehorte wie die Landarztpraxis (Gut Lin-dauhof), Hinnerksens Hof (Hol-länderhof Bartel in Wagersrott), Maren Jantzens Gasthof („Hotel-Café Krog" in Ulsnis) und andere besichtigen können.

Wir fahren geradeaus und pas-sieren in Lindau die privat ge-nutzte Windmühle. Auf der Straße bleiben wir einige Kilome-ter, bis nach rechts die K 119 nach Süderbrarup abgeht (Abkür-zung ist geradeaus möglich, die Straße kreuzt die Kreisbahn-trasse, auf der wir dann auch von Süderbrarup nach Schleswig fah-ren). Wir kommen über den

Auf der alten Kreisbahntrasse von Schleswig nach Süderbrarup kann der Radfahrer unbehelligt vom Autoverkehr fahren.

Kreisverkehr nach Süderbrarup hinein, wo wir nach links in die Hauptstraße (Kappelner Straße) einbiegen und zum Bahnhof gelangen. Von dort können wir per Bahn den Rückweg antreten (ca. 40 km Radstrecke haben wir dann bis hier zurückgelegt). Eine Fahrt über die alte Kreisbahntrasse zurück nach Schleswig – vom Autoverkehr weitgehend unbehelligt – ist aber sehr beschaulich. Die 1883 in Betrieb genommene Bahnstrecke hatte ihre Blütezeit in den 1920er-Jahren. Nach der Personenbeförderung wurde im Jahr 1981 auch der Güterverkehr auf dieser Strecke eingestellt. Nach Rückbau der Gleisanlagen wurde eine Gasleitung auf dieser Strecke verlegt und ein Radwanderweg ausgebaut. Der Streckenabschnitt von Süderbrarup nach Kappeln ist noch erhalten und wird von

Deutschlands nördlichster Museumsbahn, der Angelner Dampfeisenbahn, für nostalgische Fahrten mit historischen Dampflokomotiven und Waggons genutzt. Für diese Tour bleiben wir auf der Hauptstraße des Ortes, überqueren auf dieser die Bahngleise und halten uns dann links parallel zu den Gleisen der Bahnstrecke Kiel–Flensburg. Ein Schild weist auf den Beginn der alten Kreisbahntrasse hin, auf der wir nun bis nach Schleswig hinein (ca. 20 km) fahren. Der Weg ist auf den meisten Abschnitten gut befestigt und auch beschildert, und wir können – auch wenn bisweilen Straßen kreuzen – das Rad entspannt durch die weite Landschaft Angelns mit ihren Knicks, weiten Wiesen und Feldern und einzelnen Gehölzgruppen vorbei an den Orten Steinfeld, Taarstedt, Schaalby und Moldenit rollen lassen. Etwas abseits des Weges gibt es auch noch einiges zu sehen, wie die kleine romanische Feldsteinkirche in Taarstedt, die St.-Jakobus-Kirche in Moldenit (eine Feldsteinkirche aus dem 12. Jahrhundert) oder die St.-Marien-Kirche in Schaalby (OT Kahleby), wo sich auch die gut erhaltene Wassermühle, deren Gebäude aus dem

Die kleine romanische Feldsteinkirche von Taarstedt besitzt an der Westseite einen hölzernen Glockenturm.

Jahr 1842 stammt, befindet. Auf unserer Radstrecke entlang der alten Kreisbahntrasse kommt bald der Schleswiger Dom in der Ferne in Sicht. Am Ende der Trasse in Schleswig ist ein kleines Stück der alten Gleise noch zu sehen, und wir erreichen auch kurz darauf den ehemaligen Kreisbahnhof der Strecke, in dessen denkmalgeschütztem, liebevoll restauriertem Gebäude das Hotel und Restaurant „Alter Kreisbahnhof" (Tel. 04621/3020-0, www.hotel-alter-kreisbahnhof.de) zu finden ist. Ein Abstecher zum Dom (im Innern mit dem berühmten Schnitzaltar von Hans Brüggemann von 1521) und in die alte Fischersiedlung Holm ist auch zu empfehlen. Über Königstraße und Schleistraße fahren wir nahe der Schlei durch die Stadt und kommen zum rechter Hand liegenden Schloss Gottorf, an dem wir nach links abbiegen. Eine Besichtigung der Landesmuseen für Kunst- und Kulturgeschichte und Archäologie im Schloss, des Gottorfer Globushauses mit dem originalgetreuen Nachbau eines begehbaren Glo-

Schloss Gottorf gehört zu den bedeutendsten Profanbauten des Landes. Es beherbergt zwei Landesmuseen, das für Kunst- und Kulturgeschichte und das für Archäologie.

bus aus dem 17. Jahrhundert und des Barockgartens müsste nach der über 60 Kilometer langen Tagestour wohl auf den nächsten Tag verschoben werden. Auch für das Wikingermuseum in Haithabu – der wikingerzeitliche Handelsplatz am Haddebyer Noor wurde 2018 zusammen mit dem Grenzbauwerk Danewerk zum Weltkulturerbe der UNESCO ernannt – sollte man sich Zeit nehmen.

Auf der Friedrichstraße passieren wir linker Hand das Stadtmuseum, kurz darauf geht rechts die Bahnhofstraße ab, über die wir den Schleswiger Bahnhof erreichen können. Wir bleiben auf der Friedrichstraße bis zum Kreisverkehr und halten uns dort Richtung B 76 (Richtung Eckernförde/Kiel) und gelangen nach kurzer Fahrt, mit nochmals herrlichem Blick über die Schlei nach Schleswig, wieder zum Parkplatz des Wikingermuseums.

Information

TourismusService Schleswig
Plessenstraße 7, 24837 Schleswig
Tel. 04621/8500-56/-57
www.ostseefjordschlei.de

Zweigstelle Touristinformation Kappeln
Schleswiger Straße 1
24376 Kappeln
Tel. 04642/4027
www.ostseefjordschlei.de

**Ausstellungen/Museen/
Sehenswürdigkeiten**

Wikinger Museum Haithabu
Haddebyer Chaussee B76, 24866 Busdorf
Tel. 04621/813222
www.haithabu.de

Schloss Gottorf
Schlossinsel 1, 24837 Schleswig
Tel. 04621/813222
www.schloss-gottorf.de

Stadtmuseum Schleswig
Friedrichstraße 9–11, 24837 Schleswig
Tel. 04621/936820
www.stadtmuseum-schleswig.de

Holm-Museum
Süderholmstraße 2, 24837 Schleswig
Tel. 04621/936820
www.stadtmuseum-schleswig.de

Naturerlebnisraum Ziegelei Borgwedel
Achterwisch, 24857 Borgwedel
Tel. 04351/735155

Heimatmuseum in der Mühle „Anna" und
Atelier im Mühlenhaus
Möhlenbarg 5, 24354 Rieseby/Norby
Tel. 0176/26342968
Atelier Tel. 04355/989981
www.muehle-anna.de

Angelner Dampfeisenbahn
Bahnhof am Süderhafen, 24376 Kappeln
Bahnhof DB, Süderbrarup
Tel. 04642/9251653
www.angelner-dampfeisenbahn.de

Von Eckernförde über die Halbinsel Schwansen

Eckernförde – Ludwigsburg – Waabs – Seeholz – Rieseby – Barkelsby – Eckernförde
Streckenlänge: 41 km; Dauer: etwa 4 Stunden
Bahnhöfe in Eckernförde und Rieseby

Die etwa 250 Quadratkilometer große Halbinsel Schwansen erstreckt sich zwischen der Ostsee und zwei ihrer Förden, der Schlei im Norden und Westen sowie der Eckernförder Bucht im Süden. Die hügelige Endmoränenlandschaft mit Stränden und Steilküsten ist heutzutage geprägt durch landwirtschaftlich genutzte Flächen, von den einst vorherrschenden ausgedehnten Wäldern sind nur noch kleine Reste übrig geblieben. Nach der letzten Eiszeit wurde Schwansen relativ schnell besiedelt, wovon auch heute noch die Grabstätten der früheren Bewohner, die sogenannten Hünengräber, zeugen. Da das Gebiet schon seit langer Zeit landwirtschaftlich genutzt wird, findet sich in dieser Gegend eine Vielzahl von Schlössern und Gutshöfen, welche auch heute noch oft von alteingesessenen adligen Familien betrieben werden.

Die hier beschriebene Rundtour verläuft im südlichen Teil der Halbinsel, von Eckernförde aus zuerst parallel zur Ostsee und anschließend in einem Bogen Richtung Schlei zurück zum Ausgangspunkt. Eckernförde lässt sich mit dem Zug erreichen, außerdem befinden sich zentral in der Stadt gelegen einige Parkplätze. Wir beginnen unsere Tour am Eckernförder Bahnhof, überqueren die Reeperbahn und fahren anschließend in die Bahnhofstraße. An der nächsten Ecke geht es nach links und anschließend gleich wieder nach rechts auf den Jungfernstieg, auf dem wir durch die Innenstadt fahren, bis wir den Hafen erreichen. Wer kurz vor dem Hafen nach rechts in den Hafengang fährt, erreicht das Ostsee Info-Center, welches eine Ausstellung, einige Aquarien und verschiedene Erlebnisattraktionen zur Lebewelt der Ostsee beherbergt; vor allem auch für die jüngeren Besucher interessant.

Am Hafen angekommen fahren wir nach links am Hafenbecken vorbei, bis wir die Fußgängerbrücke erreichen. Hier befindet sich

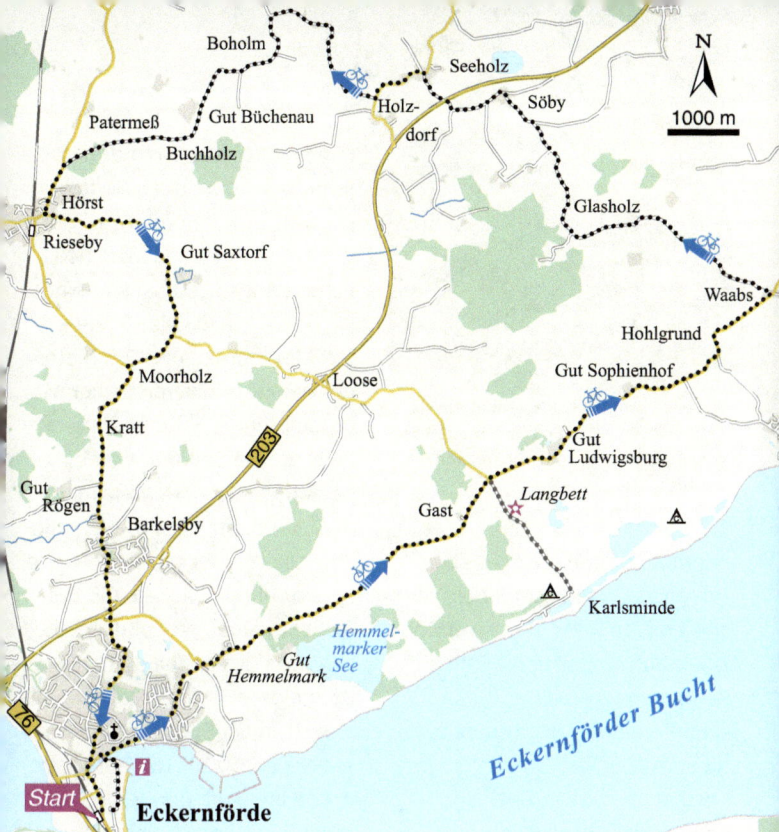

auch das Restaurant „Luzifer" in einem historischen Getreidespeicher (Tel. 04351/470661, www.luzifer-sylt.de). Wer noch ein Stückchen die Frau-Clara-Straße hineinfährt, erreicht nach wenigen Metern die Bonbonkocherei Hermann Hinrichs, wo man sich für die bevorstehende Tour mit einer großen Auswahl an hausgekochten Bonbons eindecken kann.

Am Hafen schieben wir unser Fahrrad über die Fußgängerbrü-

cke und biegen an der Straße „Vogelsang" nach rechts ab. Nun geht es ein Stückchen am Wasser entlang, von wo aus sich ein sehr schöner Blick auf den Hafen und die Stadt bietet. Die linker Hand auf einer Anhöhe gelegene Borbyer Kirche ist eine um 1200 errichtete romanische Feldsteinkirche. Wer sie sich ansehen möchte, sollte dies am besten zu Fuß tun. An einem kleinen Parkplatz biegen wir nach links in die Prinzenstraße ein, die sich leicht

Eine alte Holzbrücke überspannt das Hafenbecken in Eckernförde und bietet eine willkommene Abkürzung zur anderen Hafenseite.

bergauf durch ein Wohngebiet schlängelt, doch schon bald tauchen rechts und links die ersten Äcker auf. Nach kurzer Fahrt kann man rechter Hand den Hemmelmarker See erkennen, an dem auch ein Gutshof liegt. Etwa am Ende des Sees zeugen auf der linken Seite zwei vorgeschichtliche Hügelgräber von der frühzeitlichen Besiedlung.

Nachdem der kleine Ort Gast durchfahren ist, geht bald eine Straße nach rechts ab Richtung Karlsminde, wo sich ein Gut sowie ein Campingplatz befinden. Bei schönem Wetter lohnt es sich durchaus, die drei Kilometer zur Ostsee hinunterzufahren, da es hier einen einladenden Strand gibt. Selbst wer nicht den Abstecher hinunter zur Ostsee fahren möchte, sollte die Straße zu-

mindest etwa 600 Meter hineinfahren. Auf der linken Seite befindet sich hier ein um etwa 2500 v. Chr. errichtetes jungsteinzeitliches Langbett. Dieses beeindruckende, etwa 60 Meter lange, 5,5 Meter breite und 2,5 Meter hohe Bauwerk wurde früher wiederholt für die Totenbestattung genutzt. Die Seitenumrandungen bestehen aus einer Vielzahl von 1–2,5 Tonnen schweren Findlingen. Dieses Megalithgrab wurde in den Jahren 1976–1978 umfassend restauriert und ist eines von etwa 300 verbliebenen Gräbern dieser Art in Schleswig-Holstein. Der Großteil der einst vorhandenen 5000 „Hünengräber" wurde im Laufe der Zeit vor allem durch die landwirtschaftliche Nutzung zerstört.

Auf dem weiteren Weg kommen wir an dem ansprechend restaurierten Gut Ludwigsburg vorbei,

Das vollständig restaurierte Langbettgrab bei Karlsminde ist ein eindrucksvolles Zeugnis aus der Jungsteinzeit.

Das Herrenhaus Ludwigsburg ist aus einer mittelalterlichen Wasserburg hervorgegangen. Das Torhaus stammt vom Ende des 16. Jahrhunderts.

in dem sich unter anderem ein Hofladen sowie ein Hofcafé (Tel. 04358/989833, www.gut-ludwigsburg.de) befinden. Schon bald darauf liegt Gut Sophienhof am Weg, wo neben einem wei teren Café eine Swingolfanlage (Tel. 04358/1025 oder 04358/6380045, www.gutsophien-hof.de) angeschlossen ist. Swingolf ist eine Abwandlung des konventionellen Golfens, zu der keinerlei Vorkenntnisse erforderlich sind. Eine etwa 1,5–2 Stunden in Anspruch nehmende Runde lässt sich eventuell noch in die Radtour einflechten.

Wir radeln weiter an der Straße entlang und passieren vornehmlich Äcker und Felder sowie vereinzelt Wiesen oder Wäldchen. In Waabs erreichen wir die direkt an der Straße gelegene Waabser Mühle, die ein Restaurant (Tel. 04352/2266, www.waabs-muehle.de) beherbergt. Direkt hinter der Mühle biegen wir nach links ab, halten uns an der nächsten Abzweigung links und fahren an einigen stattlichen alten Eichen und Buchen vorbei. Linker Hand kann man in der Ferne das Gut Rotensande erkennen. Wir folgen dem Straßenverlauf und fahren an einem größeren Waldgebiet vorbei. Anschließend erreichen wir auf dieser Straße bleibend Söby, wo wir uns zweimal links halten. An der nächsten Kreuzung geht es nach rechts weiter, sodass wir nach wenigen Metern die B 203 erreichen, die wir geradeaus überqueren. Im nächsten Ort, Seeholz, halten wir uns links, fahren an einer Gärtnerei vorbei und biegen direkt dahinter, etwa 200 Meter vor dem Holzdorfer Ortsschild, nach rechts ab.

Immer dem Straßenverlauf folgend radeln wir an Wiesen und Knicks vorbei und erreichen alsbald rechter Hand gelegen das „Café Grünlund" (Tel. 04352/2499, www.gruenlund.de). An der anschließenden T-Kreuzung geht es nach links weiter. Wir folgen dem Straßenverlauf vorbei an einigen Höfen und ausgedehnten Ackerflächen. Nach

Neben Fischkuttern wird der Hafen in Eckernförde bevorzugt von Segelbooten angelaufen, die auf der Ostsee unterwegs sind.

einigen Fahrminuten sieht man auf der rechten Seite das Gut Büchenau. Nach Durchfahren eines kleinen Wäldchens erreichen wir die Landstraße, über die wir nach links fahrend nach Rieseby kommen.

Gleich an der ersten Abzweigung im Ort biegen wir nach links ab, um nach Eckernförde zurückzukehren. Ein Abstecher in das etwa 650 Jahre alte Rieseby ist möglich, ebenso wie die Rückfahrt per Bahn vom Bahnhof des Ortes.

Neben dem Gasthof „Riesby Krog" (Tel. 04355/989875, www.riesby-krog.de) finden sich ganz am Ende des Ortes auch noch das Heimatmuseum sowie ein Atelier in der Mühle „Anna" (Tel. 04355/ 989981, www.muehle-anna.de). Einen Abstecher wert ist auch die eindrucksvolle spätromanische Kirche aus dem 13. Jahrhundert.

Nach kurzer Fahrt auf dem Rückweg nach Eckernförde passieren wir das linker Hand etwas hinter Bäumen versteckt gelegene, aber sehenswerte Gut Saxtorf aus dem 16. Jahrhundert. Das Gutsgebäude diente bereits öfters als Filmkulisse, aber wohl nicht, wie oft behauptet, in Edgar-Wallace Krimis mit Joachim Fuchsberger und Eddy Arendt. An der nächsten Kreuzung halten wir uns, dem Schild Richtung Eckernförde folgend, rechts und erreichen bald die Landstraße, wo wir nach links fahren. Von Rieseby bis hier gibt es an den Straßen keinen Radweg. Nach einigen Kilometern durchfahren wir den kleinen Ort Barkelsby, überqueren die B 203 und folgen dem Straßenverlauf nach Eckernförde. In der Stadt geht es noch mal stark bergauf und anschließend zum Hafen und zur Ostsee wieder bergab. Auf dieser Straße bleibend kommen wir dann automatisch zum rechter Hand gelegenen Bahnhof.

Information

Eckernförde Touristik und Marketing GmbH
Am Exer 1, 24340 Eckernförde
Tel. 04351/71790
www.ostseebad-eckernfoerde.de

Ausstellungen/Museen/ Sehenswürdigkeiten

Ostsee Info-Center Eckernförde
Jungfernstieg 110
24340 Eckernförde
Tel. 04351/726266
www.ostseeinfocenter.de

Swingolf Gut Sophienhof
Sophienhof 1
24369 Waabs
Tel. 04358/1025
Tel. 04358/6380045
www.gutsophienhof.de

Heimatmuseum in der Mühle „Anna" und Atelier im Mühlenhaus
Möhlenbarg 5, 24354 Rieseby/Norby
Tel. 0151/18000097
Atelier Tel. 04355/989981
www.muehle-anna.de

Bonbonkocherei Hermann Hinrichs
Frau-Clara-Straße 22, 24340 Eckernförde
Tel. 04351/889986
www.bonbonkocherei.de

Von Gettorf durch den Dänischen Wohld und am Nord-Ostsee-Kanal entlang

Gettorf – Osdorf – Schwedeneck – Strande – Friedrichsort – Kiel-Holtenau – Neuwittenbek – Gettorf
Streckenlänge: ca. 51 km; Dauer: gut 5 Stunden
Bahnhöfe in Gettorf und Kiel

Die ehemals vor allem durch dichten Wald geprägte Halbinsel Dänischer Wohld weist heute überwiegend landwirtschaftlich genutzte Flächen auf. Interessant sind vor allem die Küsten entlang der Eckernförder Bucht und der Kieler Bucht.

Die Tour durch den Dänischen Wohld startet im Zentrum desselben, im Ort Gettorf, und geht auf Passagen des Ostseeküsten-Radwegs nach Kiel, von dort weiter am Nord-Ostsee-Kanal entlang und wieder zurück nach Gettorf. Im Ortskern von Gettorf steht die mit ihrem 64 Meter hohen Kirchturm weithin sichtbare St.-Jür-

Immer reizvoll: der weite Blick über grüne Felder und das blaue Meer der Ostsee auf den küstennahen Streckenabschnitten.

gen-Kirche, deren Baubeginn in das Jahr 1250 fällt. Hauptattraktion für viele Besucher ist der Tierpark, der vor allem für seine große Sammlung an Affenarten bekannt ist und der einzige rein privatwirtschaftlich betriebene Zoo in Schleswig-Holstein ist. Startpunkt ist der Bahnhof des Ortes, den wir nach links verlassen. An der Straße fahren wir bis zum Abzweig nach Osdorf. Nach rechts abbiegend kommen wir durch das Gewerbegebiet, die neue Ortsumgehung Gettorfs (B 76) überquerend, nach Osdorf. In Osdorf fahren wir an der Kreuzung geradeaus weiter (später kein Radweg mehr, Straße aber wenig befahren). An der Straßengabelung halten wir uns links Richtung Birkenmoor. Auf den angrenzenden Feldern fallen die unter Denkmalschutz stehenden Grabhügel aus der Jungsteinzeit auf. In der Gegend um Birkenmoor soll es fast 50 erhaltene Großsteingräber geben. Wir verlassen dann die L 44 nach links

in den Ahrenshorster Weg und fahren ein Stück bis zum scharfen Linksknick, dem wir folgen, und dann rechts auf die zur Ostsee (die in der Ferne zu sehen ist) hinabführende Straße. Wir überqueren die B 503 und kommen nach Krusendorf, einem der Orte, die sich zur Gemeinde Schwedeneck zusammengeschlossen haben. Auf dem Ostseeküsten-Radweg geht es an der 1735 erbauten Kirche von Krusendorf vorbei, deren schlichter Backsteinbau des späten Barocks vor allem durch seine kapuzenähnliche Kirchturmspitze auffällt. Einen Abstecher an die Ostsee zu einem kleinen Bad sollte man sich gönnen, entweder in Surendorf, dem nächsten Ort der Strecke, oder in Dänisch-Nienhof, wo sich ein Abstecher durch den Wald zum Ostseestrand lohnt. Über Stohl erreichen wir einen Kreisverkehr, an dem wir uns geradeaus halten. Ein Abstecher nach Strande hinein (1 km) mit diversen Einkehrmöglichkeiten oder zum Bülker Leuchtturm (ca. 3 km) wäre vielleicht einzuschieben.

Auf unserem Weg entlang der Fördestraße erreichen wir alsbald Schilksee mit dem Olympiahafen. Schilksee ist nicht nur Zentrum der jährlich stattfindenden internationalen Segelwettkämpfe zur Kieler Woche, es war im Jahr 1972 auch Austragungsort der olympischen Segelregatten. Wir verlasssen nun die Fördestraße und biegen links ab in die Straße „Tempest" (linker Hand ist ein kleiner Abstecher zum Olympiahafen möglich) Richtung Friedrichsort. Wir fahren auf der Straße „Langenfelde" durch Schilksee bis zum Funkstellenweg, in den wir links einbiegen und durchfahren, bis die Ostsee in den Blick kommt und wir rechts in den Stubbekredder abbiegen. Diesen fahren wir durch bis zum Campingplatz und der dortigen T-Kreuzung. Hier geht es nach links und die nächste wieder rechts auf den „Palisadenweg" Richtung Falckenstein. Links hinunter führt die Straße „Zum Badestrand" an den Falckensteiner Strand, mit herrlichem Blick auf die Kieler Förde. Am gegenüberliegenden Ufer bei Laboe sieht man das 85 Meter hohe Marine-Ehrenmal aufragen. Wir fahren nach rechts die Strandpromenade entlang (bei

Der Falckensteiner Strand ist nicht nur der längste und breiteste, sondern auch einer der beliebtesten der Kieler Strände.

Strandwetter und viel Fußgängerbetrieb evtl. schieben!) vorbei an Kiosken und Restaurants bis zum Anleger der Fördeschifffahrt, wo wir in der Ferne am Ufer auch den grün-weißen Leuchtturm Friedrichsort sehen können. Am Ende des Deichweges (Sackgasse), nahe der ehemaligen dänischen Festung Friedrichsort liegt das Café-Bistro Deichperle (Tel.: 0431/7754754, www.deichperle-kiel.de) mit herrlichem Blick auf die Kieler Förde

Den Leuchtturm Friedrichsort passieren auch die großen Schiffe auf ihrem Weg aus dem Nord-Ostsee-Kanal in die Ostsee.

und den Leuchtturm. Wir verlassen nahe dem Fähranleger bergauf den Strand am Hochseilgarten vorbei, biegen wieder links in den Palisadenweg ein und fahren dann links auf die Straße „An der Schanze". Wir fahren nach scharfem Rechtsknick immer am Wasser entlang, vorbei an Werftanlagen. Nach Beendigung der Nutzung durch das Militär gibt es auch wieder eine direkte Verbindung von Friedrichsort und Holtenau direkt am Waser entlang. Hierzu biegen wir nach den Bahngleisen links von der Hauptstraße ab, fahren den Fußgänger- und Radfahrerweg südlich des Flughafengeländes nahe der Förde entlang und erreichen über Strandstraße und Kanalstraße die kleine Fähre am Nord-Ostsee-Kanal. Dabei passieren wir auch den Leuchtturm Kiel-Holtenau und können am Thiessenkai im Schiffercafé Kiel (Tel. 0431/9089676, www.schiffer-cafe-kiel.de) einkehren. Der klassische Weg führt an der Hauptstraße am Flughafen vorbei zur B 503, die wir unterqueren. Dann fahren wir gleich links ein kurzes Stück parallel zur Bundesstraße, unterqueren diese abermals und fahren zwischen Bundesstraße zur Rechten und Flughafenge-

lände zur Linken (Achtung! Recht enger Radweg) nach Holtenau hinein. An der Tankstelle halten wir uns links und dann gleich wieder rechts in Richtung Nord-Ostsee-Kanal, Schleuse und Fähre. Unten am Kanal angekommen geht es links zur Fähre, die einen mitsamt dem Fahrrad – kostenlos, wie alle Fähren über den Nord-Ostsee-Kanal – ans südliche Ufer in Kiel-Wik übersetzt. Das gilt für diejenigen, die nach Kiel hineinwollen und evtl. mit der Bahn nach Gettorf zurückfahren möchten. Vom Nord-Ostsee-Kanal sind es etwa sieben Kilometer bis zum Kieler Bahnhof, den man über Düsternbrooker Weg und Kiellinie auf schöner Strecke direkt entlang der Ostseeküste erreichen kann. Eine Besichtigung der Schleusenausstellung auf der Nordseite in Holtenau ist in Verbindung mit einer Führung möglich, die Besichtigungsplattform auf der südlichen Seite des Kanals in Wik können wir auch ohne Anmeldung aufsuchen, um dem geschäftigen Treiben in den Schleusenanlagen ein wenig zuzusehen.

Für die Radfahrt zurück vom Fähranleger in Holtenau nach Gettorf halten wir uns auf dem Weg, der hier direkt am Kanal entlangführt.

Der Nord-Ostsee-Kanal – in der internationalen Schifffahrt als „Kiel-Canal" bezeichnet – bietet viele beschauliche und gut befahrbare Abschnitte für Radfahrer.

Nach Unterqueren der Holtenauer Hochbrücke bietet alsbald das direkt am Kanal gelegene Restaurant und Café „Kanalfeuer" (Tel. 0431/ 3699408, www.kanal-feuer.de) die Möglichkeit zu einer kleinen Einkehr. Nach der Stärkung kommen bald die beiden Levensauer Hochbrücken in Sicht, eine für den Fahrzeugverkehr (B 76) und eine für den Bahnverkehr. In den Widerlagern der alten Brücke hat man große Bestände von Fledermäusen nachgewiesen, die dort überwintern und rasten; für den Großen Abendsegler sind es wohl die größten Winterquartiere Mitteleuropas. Wir werfen noch einmal einen Blick auf die gemächlich dahingleitenden Frachter und halten uns, nachdem wir unter den beiden Brücken durchgefahren sind, rechts – den Kanal auf einer schattigen Lindenallee verlassend – in Richtung Altwittenbek. Von dort geht es weiter in den Ort Neuwittenbek, in dem wir rechts nach Tüttendorf abbiegen. In Tüttendorf fahren wir links Richtung Gettorf, das wir nach kurzer Fahrt erreichen. Am Tierpark vorbei kreuzen wir die Hauptstraße und kommen zur eingangs erwähnten Kirche St. Jürgen, die wir umfahren, um auf die Mühlenstraße zu gelangen. Sie führt direkt zu der 1869 erbauten Holländerwindmühle „Rosa", in der sich die Ortsbücherei befindet; neben der Mühle steht das Heimatmuseum. An der Mühle rechts vorbei überqueren wir die Gleise der Bahnlinie und erreichen nach links fahrend wieder den Bahnhof. Für eine verdiente Stärkung nach der Tour lässt sich die nahe dem Bahnhof gelegene „Adria-Grillstube" (Tel. 04346/8905) ansteuern.

Information

Schwedeneck Touristik
Zum Kurstrand 5, 24229 Schwedeneck
Tel. 04308/331
www.schwedeneck.de

Tourist Information Ostseebad Strande
Strandstraße 12, 24229 Strande
Tel. 04349/290
www.strande.de

Fremdenverkehrsverein
Dänischer Wohld – Gettorf e. V.
Ringweg 1a, 24251 Osdorf
Tel. 04346/9922
www.fvv-gettorf.de

Kiel-Marketing e. V.
Neues Rathaus
Andreas-Gayk-Straße 31, 24103 Kiel
Tel. 0431/679100
www.kiel-sailing-city.de
www.kiel-marketing.de

**Ausstellungen/Museen/
Sehenswürdigkeiten**

Tierpark Gettorf
Süderstraße 33, 24214 Gettorf
Tel. 04346/41600
www.tierparkgettorf.de

Heimatmuseum an der Mühle
Mühlenstraße 19, 24214 Gettorf
Tel. 04346/600830 und 4360
www.museen-sh.de

Die Mühle „Rosa" in Gettorf ist ein zweigeschossiger Galerieholländer, in dem bis 1946 Getreide gemahlen wurde.

Von Laboe durch die Probstei

Laboe – Heidkate – Schönberger Strand – Stakendorf – Bendfeld – Pratjau – Passade – Probsteierhagen – Brodersdorf – Laboe
Streckenlänge: ca. 48 km; Dauer: 5 Stunden; Bahnhof in Kiel, Fähranleger in Kiel und Laboe

Die Tour führt von Laboe auf dem Ostseeküsten-Radweg entlang der Küste bis zum Schönberger Strand und dann durch die sanft hügelige Landschaft der Probstei zurück. Die Anfahrt ist möglich über den Bahnhof Kiel und die Fährschiffe der Fördeschifffahrt, die von Frühjahr bis Herbst regelmäßig Laboe ansteuern (Fahrradmitnahme nach Verfügbarkeit möglich).

Vom Fähranleger in Laboe aus halten wir uns links und fahren auf der Strandstraße parallel zur Promenade und zum Kurstrand vorbei an der Musikmuschel, der Lesehalle und dem Meerwasserschwimmbad zum weithin sichtbaren Ehrenmal, einer Gedenkstätte für die auf den Meeren gebliebenen Seeleute aller Nationen, die – ebenso wie das anbei liegende Museums-U-Boot – vom Deutschen Marinebund e. V. betrieben wird. Bei Wind können wir vielleicht einigen Windsurfern oder Kitesurfern in der Bucht bei ihren Sprüngen und Wendemanövern zusehen. Vom 85 Meter über der Ostsee gelegenen Turm des Ehrenmals hat man einen herrlichen Blick auf die Kieler Förde, die Ostsee und die Landschaft der Probstei. Wer mit dem Auto anreist, findet oberhalb des Ehrenmals Parkmöglichkeiten. Vom Ehrenmal geht es weiter in Richtung Meeresbiologische Station, die ganzjährig mit Führungen, Vorträgen, Exkursionen und Schiffsfahrten den Besuchern die faszinierende Welt der Meeresorganismen nahebringt. In den angrenzenden Dünen liegt der Naturerlebnisraum „Dünenlandschaft Laboe", mit vielen Infos über die Lebensräume der Dünen und Sandstrände.

An der Küste der Probstei erfreuen gut ausgebaute, nahe am Strand gelegene Wege mit Ostseeblick die Radfahrer.

Weiter geht es vorbei am Koffie-hus (Tel. 04343/7768), ein ge-mütliches Cafe mit Galerie. Kurz vor Stein biegen wir links ab in Richtung Ostsee und passieren einen Infopavillon, der über die Geschichte Steins, die Ostsee-küste und Gesteinskunde infor-miert; ein Gesteinslehrpfad ent-lang der Promenade zeigt Bei-spiele unterschiedlicher Ge-steinstypen. In Höhe der Hafen-anlagen der Marina Wendtorf se-hen wir rechts das binnendeichs gelegene Naturschutzgebiet „Barsbeker See" und links in der Ostsee das Naturschutzgebiet

„Bottsand", in dem ein typisches naturnahes Strandwallsystem der Ostsee geschützt wird. Ein NABU InfoZentrum bietet vielfäl-tige Informationen über das Na-turschutzgebiet und zur Vogel-welt der Ostsee. Von hier werden auch vogelkundliche Führungen angeboten.

Wir fahren durch den unter Sur-fern bekannten Ort Heidkate (Einkehrmöglichkeit in den Deichterrassen, Tel. 0162/ 9551362, www.deichterrassen-heidkate.net) sowie durch die Orte Kalifornien und Brasilien (so können Sie am Abend erzählen,

Sie waren heute in Kalifornien und Brasilien) und erreichen die 250 Meter weit in die Ostsee ragende Seebrücke des Schönberger Strandes, die in den Jahren 2000/2001 errichtet wurde und von der verschiedene Ausflugsfahrten, zum Beispiel nach Eckernförde, Kiel und Kappeln, starten.

Von hier biegen wir rechts in den Ort ein und kommen zum Museumsbahnhof Schönberger Strand, ein Treffpunkt nicht nur für Eisenbahnfreunde, mit Museumszugfahrten nach Schönberg und Kiel (an bestimmten Verkehrstagen) und historischem Straßenbahnbetrieb.

Unsere Fahrt setzen wir auf den Bahnhof zukommend nach links in Richtung Stakendorf fort. Nach Überquerung der L 165 erreichen wir Stakendorf und biegen links auf die Dorfstraße ab.

Auf der Seebrücke Schönberger Strand kann man 250 Meter weit trockenen Fußes in die Ostsee marschieren.

Dem Rechtsknick folgend verlassen wir den Ort, und nach Überqueren der Kreisstraße geht es auf einem Betonspurweg entlang von Feldern und Knicks über eine weitere Kreisstraße hinweg nach Bendfeld hinein. Wir durchfahren den Ort und bleiben Richtung Pratjau auf der Asphaltstraße. Über eine Lindenallee kommen wir weiter nach Sophienhof und nach Pratjau, wo wir entweder direkt rechts nach Salzau abbiegen oder geradeaus durch den Ort fahren und dann rechts auf die K 28 (kein Radweg). Dort fahren wir ein Stück Richtung Fargau am Selenter See (zweitgrößter See des Landes) entlang, bis es rechts in den Wald Richtung Gut Salzau geht, das wir nach kurzer Fahrt durch den Wald erreichen.

Das im jetzigen Stil 1881 neu errichtete Herrenhaus Salzau war ehemals Landeskulturzentrum, das vor allem durch Veranstaltungen, unter anderem des Schleswig-Holstein Musik Festivals, bekannt geworden ist. Die Zukunft des traditionsreichen „Kulturleuchtturms" ist derzeit ungewiss. Wir umfahren das Herrenhaus und halten uns entweder links Richtung Stoltenberg über Charlottental oder durchfah-

Alte Waggons, Lokomotiven, historische Straßenbahnen im Museumsbahnhof Schönberger Strand begeistern nicht nur Technik- und Eisenbahnfreunde; eine Besichtigung der
Anlage steht für die meisten Besucher der Region auf dem Urlaubsplan.

ren das für solche Gutsgelände
typische Torhaus und halten uns
dann links, vorbei an einigen alten Eichen, Richtung Stoltenberg
über Ottenhof. In Stoltenberg
überqueren wir die Hauptstraße,
biegen rechts an den Passader
See ab und radeln Richtung Fahren. Auf diesem Teilstück und
auch später nach Passade können wir bisweilen den linker
Hand liegenden See schön überblicken. In Passade, das vor
allem durch sein Backhaus bekannt ist (mit Hofladen und Cafe,

Tel 04344/4652), halten wir uns
zunächst seenah und fahren am
rechter Hand gelegenen Backhaus vorbei bis zur Landes-

Das eindrucksvolle Herrenhaus Salzau gilt
als die Geburtsstätte des renommierten
Schleswig-Holstein Musik Festivals.

straße, die uns links nach Probsteierhagen hineinführt. Nach
rechts ist ein Abstecher zum
„Himbeerhof Moorhörn" möglich,
ein Bauernhof-Café und Hofladen
mit regionalen Produkten (Tel.
04344/4770, www.
hof-moorhoern.de).
In Probsteierhagen liegt gleich
linker Hand das Ausflugslokal
„Irrgarten" mit Kaffeeterrasse,
Spielplatz, Minigolfanlage und
Heckenlabyrinth (Tel. 04348/
230, www.irrgarten.biz). Beim
Durchfahren des Ortes sehen wir
die 1259 erstmalig erwähnte St.-
Katharinen-Kirche – ursprünglich
als Feldsteinkirche erbaut und im
Barock erweitert. Auch das Herrenhaus Hagen, ein dreiflügeliger
Backsteinbau aus der Mitte des
17. Jahrhunderts, gehört zu den
Highlights des Ortes, den wir von
der Hauptstraße am alten Feuer-
wehrgerätehaus von 1878 und
der 1898 gepflanzten Doppel-
eiche nach rechts Richtung
Brodersdorf verlassen (Linden-
straße). Über Röbsdorf kommen
wir zur B 502, die wir überqueren
und an die wir dann im großen
Bogen wieder kurz heranfahren.
Nach der Unterführung geht es
am Baumerlebnispfad entlang
(mit Infotafeln, Darstellung von
über 30 Baumarten) nach Bro-

Wassersportler und Schiffsverkehr – ein
Bild, das typisch ist für die Kieler Förde.

dersdorf hinein. Am Wegende
biegen wir nach links in den Ort
ein und halten uns gleich wieder
rechts Richtung Laboe; auf dem
Radweg entlang der K 30 gelangen wir nach Laboe. Dort geht es
links in den Brodersdorfer Weg
Richtung Hafen und Zentrum;
weiter entlang der K 30 kämen
wir zum Parkplatz am Ehrenmal.
Vom Brodersdorfer Weg biegen
wir links in den Heikendorfer
Weg und gleich wieder rechts in
den Steinkampberg ab, auf dem
wir direkt zum Hafen von Laboe
und zum Fähranleger nach Kiel
gelangen.

Information

Tourismusbetrieb Ostseebad Laboe
Tourist-Information
Börn 2, 24235 Laboe
Tel. 04343/427550
www.laboe.de

Tourismusverband Probstei e. V.
Alte Dorfstraße 53
24253 Probsteierhagen
Tel. 04348/919184
www.probstei.de

Tourist-Service
Ostseebad Schönberg
Käptn's Gang 1
24217 Schönberger Strand
Tel. 04344/41410
www.schoenberg.de

**Ausstellungen/Museen/
Sehenswürdigkeiten/Ausflüge**

Meeresbiologische Station Laboe
Strand 1, 24235 Laboe
Tel. 04343/429321
www.meeresbiologie-laboe.de

NABU-Naturstation Bottsand
Deichkrone, 24235 Bottsand
Tel. 0172/8198079
www.nabu.de/natur-und-landschaft/
natur-erleben/nabu-zentren/
schleswig-holstein/24024.html

Museumsbahnen Schönberger Strand
VVM-Verein Verkehrsamateure und Muse-
umsbahn e. V.
Am Schierbek 1, 24217 Schönberger Strand
Tel. 04344/2323
www.vvm-museumsbahn.de

Das U-Boot 995 und Marine-Ehrenmal
Deutscher Marinebund e. V.
Strandstraße 92, 24235 Laboe
Tel. 494849-30 und -12
www.deutscher-marinebund.de

Schifffahrt
Schlepp- und Fährgesellschaft Kiel mbH
Kaistraße 51, 24114 Kiel
Tel. 0431/594-1260 oder -1266
www.sfk-kiel.de

Oldenburg und Heiligenhafen

Oldenburg in Holstein – Kröß – Heiligenhafen – Neukirchen – Oldenburg
Streckenlänge: ca. 42 km, Dauer: gut 4 Stunden
Bahnhöfe in Oldenburg und Großenbrode

Idyllische Sandstrände, kilometerlange Steilküsten, jahrhundertealte Alleen, verwunschene Wälder, weite Wiesen und Felder, beeindruckende Ausblicke, abgelegene Dörfer, bedeutende Kirchen und küstenstädtischen Trubel – all dies und noch viel mehr hat die Tour zwischen der geschichtsträchtigen Stadt Oldenburg und der nördlichen Touristenhochburg Heiligenhafen zu bieten.

Oldenburg blickt auf eine mehr als 1000-jährige Vergangenheit zurück. Der Ursprung Oldenburgs ist eine in der zweiten Hälfte des 7. Jahrhunderts n. Chr. entstandene slawische Schutz- und Verteidigungsanlage. Heute ist die Stadt kultureller Mittelpunkt der Region, mit einem schönen Stadtbild, modernen Einkaufsmöglichkeiten, Restaurants und gemütlichen Cafés. Hier – und auch in Heiligenhafen – sei es jedem Radler selbst überlassen, die seinen Wünschen entsprechende Einkehrmöglichkeit zu finden.

Wir überqueren den Parkplatz des Oldenburger Bahnhofs, fahren auf die Holsteiner Straße und halten uns parallel zu den Schienen (rechter Hand). Nach knapp 300 Metern unterqueren wir die Holsteiner Straße und folgen deren Verlauf auf der anderen Straßenseite. Auf Höhe des Stadtzentrums fahren wir links auf die Schauenburger Straße. Es geht vorbei an der Innenstadt mit Fußgängerzone und in einem weiten Linksbogen die Schauenburger Straße entlang, die nun in die Markttwiete/Hopfenmarkt übergeht. Wir erreichen den belebten Marktplatz, an dessen südlichem Ende sich das 1834 erbaute ehrwürdige Rathaus mit seinem über Oldenburg hinaus bekannten Turmglockenspiel befindet.

Am Nordende des Marktplatzes biegen wir in die kopfsteingepflasterte Wallstraße ein. Linker Hand ist eine der ältesten Backsteinkirchen Nordeuropas zu bewundern – die St.-Johannis-Kirche. Sie wurde von dem letzten Oldenburger Bischof in Auftrag gegeben und 1160 fertiggestellt. Die Turmhaube wurde nach dem Oldenburger Stadtbrand von 1773 im barocken Stil neu aufgesetzt.

Auf Höhe der St.-Johannis-Kirche biegen wir rechts ab in Richtung Museum und Oldenburger Wall, den wir nach kurzer Fahrzeit erreichen. Die schon ältere Wallburganlage wurde um das Jahr 800 n. Chr. als slawischer Fürstensitz ausgebaut. Sie war eine der wichtigsten frühgeschichtlichen Burganlagen und ist heute eines der bedeutendsten Bodendenkmäler Schleswig-Holsteins. Weitere Informationen finden sich auch in dem Oldenburger Wallmuseum, welches wir in Kürze passieren werden.

Wir folgen dem Verlauf des Schotterwegs (Achtung, z. T. steile Wegabschnitte!) durch die Oldenburger Wallanlage und fahren dann einen schmaleren Pfad entlang. An der nächsten größeren Wegkreuzung ist ein Abstecher zu dem Wallmuseum möglich. Dafür halten wir uns geradeaus und folgen der Ausschilderung zum Museum (andernfalls biegen wir rechts ab). Das Oldenburger Wallmuseum bietet vielfältige Einblicke in die mittelalterlich-slawische Lebenswelt. Auf dem Gelände des Museums befinden sich zahlreiche Ausgrabungsfunde, welche die Geschichte von Oldenburgs Ringwall, seinen Fürsten, Bischöfen und Bewohnern präsentieren, sowie ein Kräutergarten im slawischen Dorf, eine mittelalterliche Hafenanlage und ein historischer Rosengarten. Im Sommer machen vielfältige Veranstaltungen das Mittelalter hautnah erlebbar. Auf dem Gelände gibt es auch ein Museumscafé und -restaurant mit Museumsladen.

Nachdem wir an der Kreuzung, wo es geradeaus zum Museum geht, rechts abgebogen sind, gelangen wir nach wenigen Metern auf die Burgtorstraße (nach links einbiegen). Am Stadtausgang überqueren wir die A 1. Nach knapp drei Kilometern halten wir uns links in Richtung Wandelwitz (K 41 verlassen) und fahren entlang weitläufiger Obstplantagen, bis wir in Wandelwitz rechts ab auf den Ruchmoorweg einbiegen. Am Ende des Ruchmoorwegs geht unsere Tour links ab weiter. Die Ostsee rückt nach ein paar Hundert Metern schon ins Blickfeld, und ein Abstecher, zum

Beispiel für ein kleines Bad im Meer, ist an der T-Kreuzung links abbiegend am Ende der Straße nahe Neuteschendorf/Johannistal möglich (etwa 1,1 km eine Strecke, Ausschilderung folgen). Dort hat man an dem Campingplatz Blank-Eck einen wunderbaren Blick auf die Steilküste zwischen Blank-Eck und Johannistal. Ohne den Abstecher geht es rechts an der T-Kreuzung weiter, und wir folgen dem Straßenverlauf, bis die ersten Häuser von Heiligenhafen in Sichtweite kommen.

Ungefähr auf halber Strecke zwischen Johannistal und Heiligenhafen sei schwindelfreien Radfahrern mit einem geländegängigen Rad ein Pfad direkt an der Abbruchkante der bis zu 15 Meter hohen nordoldenburgischen Steilküste bis nach Heiligenhafen empfohlen (hierzu in die Asphaltstraße zwischen Johannistal und Heiligenhafen links abbiegen, der Straße bis zur Ostsee folgen und nach rechts auf den unbefestigten Pfad entlang der Steilküste fahren).

Ansonsten halten wir uns geradeaus, bis wir die ersten Häuser von Heiligenhafen erreichen. Dort biegen wir links ab in die Straße „Am hohen Ufer". In

Die Steilufer der Ostseeküste zeigen die Dynamik des Küstenlebensraumes und wie das Meer an den Ufern arbeitet. Hier der Strand westlich von Heiligenhafen.

einem weiten Bogen fahren wir hinab zu den direkt an der Ostsee gelegenen Feuchtwiesen. Die entlang der Wegstrecke weidenden Robustrinder leben das ganze Jahr über hier draußen, und die Besatzdichte ist so gewählt, dass stets ausreichend Nahrung vorhanden ist. Nach 1,5 Kilometern Wegstrecke biegen wir auf einen Schotterweg in Richtung des nicht zu übersehenden Ostsee-Ferienparks ein. Wir folgen dem Verlauf des Schotterwegs, passieren die Gebäude des Ferienparks, fahren

einen gepflasterten Weg entlang, bis sich die erste Möglichkeit bietet, links in Richtung des Binnensees abzubiegen. Am Ende der Straße biegen wir nach rechts auf den Eichholzweg ab und fahren auf dem großzügig bemessenen Radweg entlang des Binnensees.

Wie schon an dem Ostsee-Ferienpark ablesbar, haben sich das Bild Heiligenhafens sowie seine wirtschaftliche Struktur seit den 1970er-Jahren durch den Aufschwung des Fremdenverkehrs in unübersehbarer Weise gewan-

Malerische Häuser direkt am Meer findet man auf dem Graswarder bei Heiligenhafen.

delt – von einem Fischerort zum großen Ostseebad. Wer sich für die Geschichte der Stadt und den Wandel zu einem modernen Badeort interessiert, dem sei das hiesige Heimatmuseum ans Herz gelegt. Wer ornithologisch interessiert ist, die artenreiche Strandwall- und Dünenvegetation erkunden und malerische reetgedeckte Fachwerk- und Holzhäuser bewundern möchte oder eine Badestelle sucht, dem sei ein Abstecher auf die Halbinsel Graswarder empfohlen. Dazu biegen wir im Stadtzentrum (Straße „Eichholzweg" bzw. „Am Strande" bis zum Ende durchfahren) links ab auf die Straße „Steinwarder" und folgen der Ausschilderung in Richtung des „NABU Zentrums Graswarder" – bis zum Infozentrum beträgt die Distanz knapp zwei Kilometer. Von April bis Ende Oktober finden hier täglich Vorträge mit anschließender Führung über einen abgesperrten Strandwallriegel in die Seevogelkolonie statt.

Das Nehrungssystem Graswarder verdankt seine Entstehung der westwärts gerichteten küsten-

parallelen Strömung. Material-
lieferant ist das westlich des
Ortskerns gelegene Steilufer, welches wir auf Abstechern bewundern konnten.

Von der Kreuzung der Straßen
„Am Yachthafen" und „Am
Strande", in Richtung der Halbinsel, halten wir uns nun parallel
zur Ostsee und fahren (oder
– aufgrund der hohen Touristen-
anzahl – besser schieben) durch
die Einkaufsstraße (Kapitän-Willi-
Freter-Platz) direkt am Fischereihafen. Hier gibt es eine Vielzahl
an Geschäften und eine Fisch-
halle, wo ebenso wie direkt vom
Kutter fangfrischer Fisch erworben werden kann. Wir halten uns
immer direkt an der Ostsee.
Nach knapp zwei Kilometern
geht der Weg „Am Ufer" in den
Lütjenbroder Weg über. Nach einem weiteren Kilometer erreichen wir den Ortsteil Heiligenha-
fen-Strandhusen. Im Ort biegen
wir links ab auf die Schotterstraße „Am alten Bahndamm".
Wir fahren jetzt parallel zu der
K 42 und gelangen nach etwa
100 Metern auf den Radweg entlang derselben. Kurze Zeit später
unterqueren wir die Autobahn
Richtung Fehmarn. In dem Ort
Lütjenbrode besteht die Möglichkeit, an der zentralen Kreuzung

Segeljachten jeder Größe liegen zwischen
Heiligenhafen und der Halbinsel Graswarder.

links abzubiegen und dem Verlauf der Bahnhofstraße auf einem Radweg bis zum Bahnhof
Großenbrode zu folgen (ca. 3 km,
mit Rückkehrmöglichkeit nach
Oldenburg).
Ansonsten biegen wir in Lütjenbrode scharf rechts in Richtung
Klaustorf und Seekamp ab (kein
Radweg vorhanden).
Am Ortsausgang von Lütjenbrode
halten wir uns an der nächsten
Abzweigung links – wer einen
schönen Ausblick über Heiligenhafen und den Fehmarnsund genießen möchte, kann jedoch
auch geradeaus weiterfahren
und einen Abstecher zum Aussichtsturm nahe Klaustorf ein-
bauen. In den Gebäuden des
ehemaligen Fernmeldeturms befindet sich die Ostsee Erlebniswelt Heiligenhafen. Hier können
Besucher eine Zeitreise in die
Geschichte der Ostsee unterneh-

Die Fehmarnsundbrücke verbindet seit 1963 die Insel Fehmarn mit dem Festland.

men. Auf dem weitläufigen Gelände zeigt die Ostsee Erlebniswelt Tiere und Pflanzen der Ostsee von der Urzeit bis in die Gegenwart. Nach diesem Abstecher lassen wir die Räder bis zu der Kreuzung am Ortsausgang von Lütjenbrode hinab rollen und folgen rechts abbiegend wieder unserer Haupttour.

Nach zwei Kilometern überqueren wir die Bahnschienen bei Bergmühle und folgen dem Straßenverlauf, im Ort Seekamp scharf rechts abknickend. In Sütel biegen wir an der T-Kreuzung links ab in die Straße „An der Au", um nach wenigen Metern an der nächsten T-Kreuzung rechts in die Sandstraße einzubiegen. Wer möchte, kann hier einen Abstecher zur Ostsee (Sütel-Strand) und dem Restaurant „Spinnaker" (Tel. 04365/978678, www.spinnaker-suetel.de) unternehmen (Ausschilderung folgen). Wir durchfahren die Sandstraße und dann einen Schotterweg entlang der Godderstorfer Au. Über eine historische Bogengewölbebrücke überqueren wir die Au. Diese letzte authentische Bogenbrücke im Kreis Ostholstein verbindet seit nunmehr 300 Jahren die Ortschaften Sütel und Ölendorf. Genau wie der Weg, auf dem wir uns nun befinden, war sie Teil eines der ältesten Fernpilgerwege der Region, welcher von Pilgern aus dem skandinavischen Raum genutzt wurde, die auf dem Weg über Lübeck in die Mitte Europas waren. Wenige Meter östlich der Brücke sind noch die Reste einer um 1600 erbauten Wassermühle zu sehen.

Wir fahren weiter den Schotterweg entlang, parallel zu den Bahnschienen. Am Ende biegen wir rechts ab, überqueren die Bahnschienen und halten uns an der angrenzenden Straße (K 56) links in Richtung Neukirchen. Nach etwa einem Kilometer Wegstrecke und Überquerung der B 501 gelangen wir in den Ort Neukirchen. Statistisch gesehen gibt es hier die meisten Sonnentage Deutschlands. Einen Stopp ist die romanische Backsteinkirche St. Antonius wert.

An der Kirche vorbei folgen wir

Felder- und Wiesenlandschaften prägen das Östliche Hügelland Schleswig-Holsteins, hier bei dem Gut Seegalendorf.

dem Straßenverlauf nach etwa 200 Metern leicht links abbiegend, die L 60 entlang in Richtung Oldenburg und Göhl. In Seegalendorf verlassen wir die Landstraße links abbiegend in Richtung Oldenburg und Kremsdorf (z. T. Schotterstraße). Vor Kremsdorf müssen wir noch einmal rechts abbiegen (Rehkamp und Kremsdorfer Weg) und erreichen nach zwei Kilometern Oldenburg. Wir folgen dem Kremsdorfer Weg, bis wir rechts auf die Göhler Straße einbiegen können. Die Göhler Straße (bzw. Holsteiner Straße) führt uns wieder zu dem Ausgangspunkt unserer Radtour zurück.

Information

KulTour Oldenburg in Holstein GmbH
Göhler Straße 56
23758 Oldenburg i. H.
Tel. 04361/5083910
www.kultour-oldenburg.de

Tourismus-Service Heiligenhafen
Bergstraße 43, 23774 Heiligenhafen
Tel. 04362/90720
www.heiligenhafen-touristik.de

Großenbrode Tourismus Service
Teichstraße 12, 23775 Großenbrode
Tel. 04367/997130
www.grossenbrode.de

**Ausstellungen/Museen/
Sehenswürdigkeiten**

Oldenburger Wallmuseum
Prof.-Struve-Weg 1, 23758 Oldenburg i. H.
Tel. 04361/623142
www.oldenburger-wallmuseum.de

Heimatmuseum Heiligenhafen
Thulboden 11a, 23774 Heiligenhafen
Tel. 04362/3876
www.heimatmuseumheiligenhafen.de

NABU Zentrum Graswarder
Tel. 04362/6947
www.graswarder.de

Ostsee Erlebniswelt und Ostseeaquarium
Bäderstraße 6a–f, 23775 Klaustorf
Tel. 04371/4416
www.mega-meereswelten.de

Fehmarn – Sonneninsel in der Ostsee

Puttgarden – Gammendorf – Petersdorf – Bojendorf/Wallnau – Westermarkelsdorf – Puttgarden
Streckenlänge: ca. 38 km; Dauer: gut 4 Stunden
Bahnhöfe in Puttgarden und Burg

Der Name der Insel Fehmarn leitet sich aus der Bezeichnung „Fembre" („im Meer gelegen") ab und ist Motto dieser Tour. Denn Fehmarn ist ganz besonders für die landschaftliche Vielfalt seiner Küsten und seine herrlichen Naturstrände bekannt. Diese Tour präsentiert Fehmarns Strände in all ihren Facetten. Mehr als bei jeder anderen Tour kann man sich hier auch so gut wie sicher sein, unter angenehm blauem Himmel radeln zu können. Nicht ohne Grund wird Fehmarn „Hawaii des Nordens" genannt. Hier werden die meisten Sonnenstunden in ganz Deutschland verzeichnet.

Surfen, Segeln, Baden, Shoppen, Golfen, Wellness und ganz viel Unterhaltung gehören auf Fehmarn zum Programm. Erwähnt seien hier nur einige der vielfältigen Ausstellungen und Sehenswürdigkeiten in Burg, wie das U-Boot im Hafen Burgstaaken, das Meereszentrum Fehmarn mit dem größten tropischen Aquarium Deutschlands, die Ausstellungen Galileum Fehmarn und das Erlebnisbad FehMare.

Unsere Tour beginnt auf dem Parkplatz des Fährbahnhofs Puttgarden. Hier lohnt es sich auf jeden Fall, etwas zu verweilen und dem geschäftigen Treiben im Fährhafen zuzusehen. Halbstündlich legen hier die Fähren der Vogelfluglinie in Richtung Rødby, auf der dänischen Insel Lolland, ab.

Wir fahren zuerst parallel zu den Bahnschienen und der Hauptstraße und überqueren nach etwa 500 Metern die Straße zum Fähranleger. Direkt an der Straßenkreuzung befindet sich rechter Hand in einem Hochhauskomplex das Restaurant und Hotel „Dania", von dem aus Jimi Hendrix 1970 zu seinem legendären letzten Auftritt bei Flügge gestartet ist. Wir radeln entlang der K 49 in Richtung Puttgarden, erreichen nach etwa einem Kilometer den Ort, biegen kurz hinter dem Ortsschild rechts in den Strandweg ein und nach 50 Metern links in die Straße „Op de Wei".

Wir folgen deren Verlauf bis zur T-Kreuzung nahe dem Ort Krummensiek.

Entlang der gesamten Strecke bis Bojendorf/Wallnau besteht immer wieder die Möglichkeit, unsere Route in Richtung der Nordküste Fehmarns abzukürzen (z. B. in Wenkendorf) und sich von dort aus in Richtung Puttgarden zurückzubegeben.

In Richtung Krummensiek passieren wir weitläufige Felder, rechter Hand befindet sich der Deich, entlang welchem wir auf dem Rückweg fahren werden, und wenn wir uns umblicken, können wir in der Ferne noch die ablegenden Fähren der Vogelfluglinie ausmachen.

Der Hafen in Puttgarden hat eine lange Tradition. Bereits im 11. Jahrhundert war der Fähranleger für Pilger aus Skandinavien, welche den Fehmarnbelt queren mussten, von großer Bedeutung. Einzige Erinnerung an diese Zeit ist die Infotafel an dem ehemaligen Standort der Peter-und-Paul-Kapelle (1198–1644) auf halber Strecke zwischen Puttgarden und Krummensiek. In der Kapelle dankten die Wallfahrer für die überstandene Schiffsfahrt über den Belt. Die Peter-und-Paul-Kapelle war das erste Gotteshaus auf der Insel. 1644 wurde die Kapelle durch schwedische Kanonenschiffe zerstört.

Nahe Krummensiek biegen wir an der T-Kreuzung links auf den Radweg ein. Nach 300 Metern halten wir uns rechts in Richtung Gammendorf. Direkt hinter dem Ortsschild Gammendorf setzen wir unsere Tour rechts abbiegend in Richtung Niobe-Denkmal und Wenkendorf fort.

Entlang der Straße in Richtung Wenkendorf finden sich weitere Informationstafeln und eine Grünfläche mit Sitzgelegenheiten. Nach einem guten Kilometer biegen wir an der nächsten Kreuzung links ab in Richtung Wenkendorf und Dänschendorf. Wenkendorf erreichen wir nach etwas mehr als zwei Kilometer Fahrstrecke – ein für Fehmarn typischer, etwas abgeschiedener Ort mit dem beinahe obligatorischen

Rund um die Uhr fahren die Fähren von Puttgarden nach Rødby-Hafen in Dänemark.

Dorfteich. Wir radeln in den Ort hinein und halten uns an der zentralen Kreuzung links und nach 400 Metern rechts in Richtung Petersdorf/Dänschendorf. Am Ende der Straße biegen wir kurz vor Dänschendorf rechts ab auf die K 63 (bis Dänschendorf kein Radweg vorhanden). Dänschendorf hat sich um zwei Dorfteiche herum entwickelt. Der Name zeugt noch heute von der dänischen Vergangenheit der Insel. So gehörte Fehmarn lange Zeit als Krongut zum dänischen Königreich.

In Dänschendorf geht es scharf links in die Lemkendorfer Straße. An der Kreuzung biegen wir rechts in den Mühlenweg ab und folgen dem Straßenverlauf bis Petersdorf. Etwa 500 Meter vor dem Ortseingang Petersdorf befindet sich an einem scharfen Rechtsknick linker Hand der geschichtsträchtige Galgenberg und Ratssoll mit ausführlicher Infotafel und Sitzgelegenheit. Etwa 2000 v. Chr. legten Germanen hier eine Thingstätte an, die auch den nachfolgenden Slawen als Kult- und Opferstätte diente. Später wurden an dem künstlich aufgeschütteten Galgenberg viele Hinrichtungen vollstreckt – die letzte um 1850.

Petersdorf ist nach Burg der größte Ort auf Fehmarn. Wir halten uns dort immer geradeaus, vorbei an dem malerischen Dorfplatz und dem mit Trauerweiden gesäumten Dorfteich. Hinter dem Dorfteich biegen wir leicht nach rechts in die Mittelstraße ein, sodass wir direkt auf die zentral gelegene Johanniskirche zufahren. Gegenüber dem Dorfteich liegt das Restaurant „Dorfkrug" (Tel. 04372/806181) mit hervorragender Fischkarte. Die weithin sichtbare, nördlich des Ortes gelegene Südermühle beherbergte früher ein Restaurant.

Die frühgotische Johanniskirche von Petersdorf wurde in der Mitte des 13. Jahrhunderts unter dänischer Herrschaft erbaut. Der Kirchturm ist mit 62 Metern der höchste der Insel. Aufgrund der reichen Innenausstattung, wie etwa einem kunstvoll geschnitzten gotischen Flügelaltar, einer Kalksteintaufe, Gemälden und Wappentafeln, lohnt sich auch ein Blick in die Kirche.

Weiter geht unsere Tour direkt vor der Kirche rechts ab, über das Kopfsteinpflaster der Schlagsdorfer Straße. Am Ende der gepflasterten Straße biegen wir nach links auf die abknickende Vorfahrt der Ostlandstraße ab.

Die Johanniskirche in Petersdorf ist weithin sichtbar. Früher diente sie sogar Seefahrern als Orientierung.

Nach 400 Metern verlassen wir die Ostlandstraße an einer links abknickenden Vorfahrt geradeaus. Am Ende der Straße biegen wir rechts (Richtung Wallnau/Bojendorf) und nach gut 50 Metern gleich wieder links ab. Nach einem guten Kilometer wandelt sich die Straße in einen unbefestigten Feldweg entlang des Deiches und des dahinter liegenden Wasservogelreservats Wallnau. Wer vor dem Rückweg auf Feld- und Wirtschaftswegen entlang der Nordküste eine befestigte Straße vorzieht, biegt noch auf der Asphaltstraße rechts ab und folgt der Ausschilderung in Richtung Wallnau/Bojendorf.

Am Ende des unbefestigten Feldwegs biegen wir links ab, überqueren die alte Deichlinie und fahren etwa 600 Meter bis zum Erreichen des Hauptdeichs. Rechter Hand befindet sich auf dem Gelände des Campingplatzes Wallnau die einzige Fjordpferdezucht Fehmarns. Wir setzen unsere Tour von hier aus auf dem Deich in Richtung Norden fort (rechts abbiegen). Ornithologisch Interessierten sei an dieser Stelle aber auf jeden Fall für einen kurzen – oder auch längeren – Abstecher das Wasservogelreservat Wallnau empfohlen. Dorthin kann man entweder auf dem Deich oder auf der parallel verlaufenden Schotterstraße gelangen (etwa 1,2 km entfernt Richtung Süden). Auf dem Gelände einer ehemaligen Karpfen- und Schleienzucht lässt sich die ganze Vielfalt der hiesigen Vogelwelt entdecken und die Frage klären, warum immer von der Vogelfluglinie die Rede ist. Aus gut getarnten Beobachtungsverstecken kann man über das Jahr bis zu 250 unterschiedliche (von 500 europäischen) frei lebende Brut- und Zugvogelarten beobachten – dazu kommen Naturlehrpfad, Ausstellungsgebäu-

de, Shop, Spielplatz und Café.
Ein Fernglas lässt sich natürlich
auch vor Ort ausleihen.
Von dem Campingplatz bzw. dem
Infozentrum des Wasservogelreservats treten wir den Rückweg
an. Bis Puttgarden halten wir uns
immer entlang der Deichlinie auf
den ausgewiesenen Strecken
(mal auf Schotter- oder Asphalt-
wegen und schmalen Pfaden vor
oder hinter dem Deich, mal auf
dem Gründeich). Auch wenn man
sich auf diesem letzten Abschnitt
unschwer verfahren kann, ist
doch – was die Wegqualität an-
geht – teilweise Aufmerksamkeit
geboten. So bilden sich besonders nach Regenfällen auf den
unbefestigten Wegen über den
Deich tiefe Fahrrillen, aber auch
die Schotterwege neben der
Deichlinie können mit Uneben-
heiten oder sandigen Abschnitten überraschen.
An der gesamten Küstenlinie
Fehmarns hat die letzte Eiszeit
deutliche Spuren hinterlassen.
Neben interessanten Fossilien
wie Seeigeln und Donnerkeilen
ist nach Sturmwetterlagen mit
etwas Glück auch Bernstein zu
finden. Nach etwa 700 Metern
Fahrt erreichen wir den Bojendorfer Naturstrand mit Infotafeln,
WC, Kiosk und in der Saison

DLRG-bewachtem Strandab-
schnitt.
Wir folgen weiterhin der Küstenlinie (entweder auf dem Gründeich oder einem Asphaltweg auf
der Landseite des Deiches), vorbei an der Lagune Fastensee,
und gelangen in immer ruhigere
Küstenabschnitte.
Etwa fünf Kilometer hinter dem
Bojendorfer Strand passieren wir
das Leuchtfeuer und die Wetter-
station Westermarkelsdorf. Im
gleichnamigen Ort können wir in
der Gaststätte "Altes Zollhaus"
(Tel. 04372/991635, www.zoll-
haus-fehmarn.de) einkehren.
Vorbei an kleinen Erlenbruchwäl-
dern umfahren wir die Nordspitze
Fehmarns und erreichen nach
weiteren vier Kilometern die Gaststätte „Am Deich" (Tel. 04372/
727). Von hier aus sind die
Schiffe der Vogelfluglinie schon in
Sichtweite. Ein paar Hundert Meter weiter am Deich in Richtung
Puttgarden gelegen, erinnert das
Niobe-Denkmal an die größte
Schiffskatastrophe vor Fehmarn.
Am 26. Juli 1932 verunglückte
8000 Meter vor der Küste das
Segelschulschiff „Niobe" in
einem starken Sturm. 69 See-
leute kamen dabei ums Leben.
Kurz hinter dem Denkmal passie-
ren wir das Naturschutzgebiet

Der Fährhafen in Puttgarden lädt zum Verweilen ein. Hier kann man den Schiffen ganz nahe kommen.

„Grüner Brink" mit seinen zahlreichen brackigen Lagunen, üppigen Salzwiesen, ausgedehnten Birkenwäldern und Strandwällen, wo sich auch seltene Watvogelarten beobachten lassen. Ornithologisches Highlight ist der Greifvogelzug Ende August bis Anfang September.

Knapp zwei Kilometer hinter dem Niobe-Denkmal radeln wir in Richtung Fährhafen Puttgarden und erreichen diesen nach weiteren gut 15 Minuten Fahrzeit. Wir halten uns rechts und überqueren den Parkplatz direkt am Port-center. Dort befindet sich eine Holzbrücke, über welche wir zum Bahnhof gelangen (ein Fahrstuhl ist leider nur auf der Bahnhofsseite vorhanden). Wer immer noch Hunger hat, kann sich noch vor der Abfahrt schnell in „Grell's Fischbrötchen" (Tel. 04372/1825) versorgen oder einmal durch den Border-Shop direkt am Fährhafen wandern.

Information

Tourismus-Service Fehmarn
Zur Strandpromenade 4 (Burgtiefe) und
Bahnhofstraße 30 (Burg)
23769 Fehmarn
Tel. 04371/506300
Zimmervermittlung: Tel. 04371/506333
www.fehmarn.de

**Ausstellungen/Museen/
Sehenswürdigkeiten**

U-Boot Museum Fehmarn
Burgstaaken 89
23769 Fehmarn/OT Burg
Tel. 0172/8711228
www.ostsee-u-boot.de

Meereszentrum Fehmarn
Gertrudenthaler Straße 12
23769 Fehmarn
Tel. 04371/4416
www.mega-meereswelten.de

Galileo Fehmarn
Mummendorfer Weg 11b
23769 Fehmarn
www.galileo-fehmarn.de

FehMare
Zur Strandpromenade 6 (Burgtiefe)
23769 Fehmarn
Tel. 04371/889960
www.fehmare.de

NABU-Wasservogelreservat Wallnau
Wallnau 4
23769 Fehmarn
Tel. 04372/1002
www.wallnau.nabu.de

Am Hemmelsdorfer See zwischen Travemünde und Timmendorfer Strand

Travemünde – Warnsdorf – Kreuzkamp – Hemmelsdorf – Timmendorfer Strand, Niendorf – Brodten – Travemünde
Streckenlänge: ca. 29 km; Dauer: 3 Stunden
Bahnhöfe in Travemünde: Hafenbahnhof und Strandbahnhof

Auf der Radtour zwischen den beiden mondänen Ostseeheilbädern Travemünde und Timmendorfer Strand kann man einerseits entlang der Seeufer und durch einige Niederungen des Hemmelsdorfer Sees radeln, andererseits entlang der eindrucksvollen Steilufer der Ostseeküste bei Brodten.

Beginn der Tour ist am Strandbahnhof von Travemünde (aber auch die Station Hafenbahnhof kann genommen werden, wenn die Fahrt durch die Stadt nicht am Anfang der Tour stehen soll, sondern erst am Ende derselben). Wir verlassen den Strand-

Von der Aussichtsgalerie des Alten Leuchtturms Travemünde hat man einen schönen Blick über die Lübecker Bucht.

bahnhof, in dem sich auch die Touristinformation befindet, geradeaus in die Bertlingstraße am Casino vorbei (gespielt wird aber erst später). Dem Rechtsknick folgend sehen wir bald zwei der Hauptattraktionen der Stadt: den Alten Leuchtturm und die Viermastbark „Passat". Der Leuchtturm aus dem Jahr 1539 gilt als der älteste Deutschlands, ist aber seit 1972 im Ruhestand. Heute ist in dem runden Backsteinturm ein maritimes Museum untergebracht. Ein Leuchtfeuer für die Schifffahrt ist nun auf dem Dach des „Maritim Strandhotels" angebracht, in einer Höhe von 115 Metern – damit wohl eines der höchsten Leuchtfeuer der Welt. Die Viermastbark „Passat" ist seit 1959 im Besitz der Stadt Lübeck und dient seither im Hafen von Travemünde als schwimmendes Museum und Veranstaltungsort. Das bei Blohm + Voss in Hamburg als Frachtsegler gebaute Schiff feierte im Jahr 2021 seinen 110. Geburtstag.

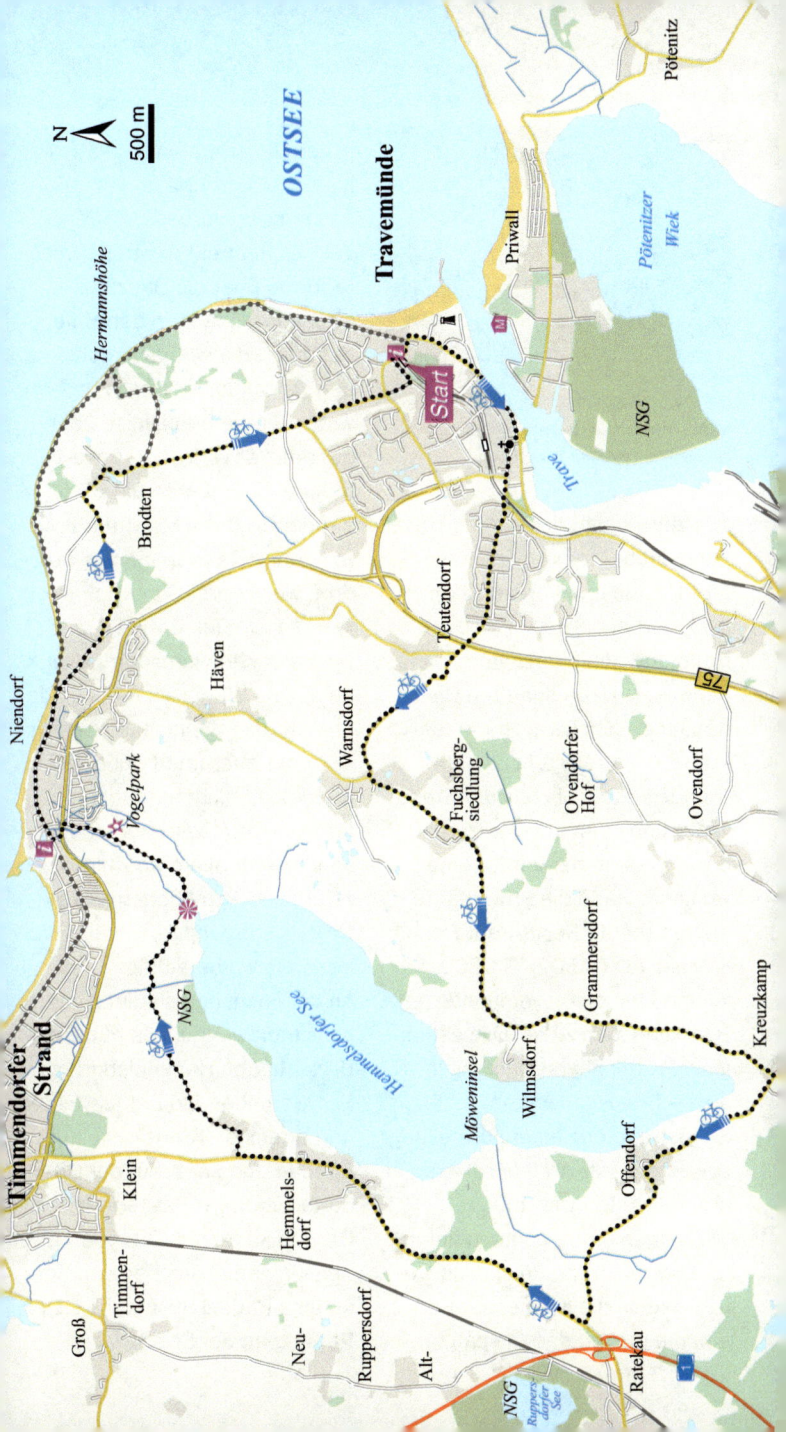

Die Viermast-Stahlbark „Passat" liegt als Museumsschiff im Segelschiffhafen und gilt als Wahrzeichen Travemündes.

Wir fahren mit Blick auf die Trave die belebte Promenade (Travepromenade und Vorderreihe) entlang, vorbei an Hotels, Restaurants und Schiffsanlegern. Schönstes Haus der alten Giebelhäuser an der Trave ist die restaurierte Alte Vogtei aus dem Jahr 1551, die als Sitz der Stadtvögte und später als Polizeiwache diente, in der Vorderreihe 7, wo linker Hand die Priwallfähre abgeht (heute Restaurant Fisch & Meer Tel. 04502/770868, www.fisch-meer-travemuende.de). Hier kann man zu der Ostseehalbinsel Priwall übersetzen, mit ihrem sehr ausgedehnten, schönen Sandstrand und einer Ausstellung zur Unterwasserwelt der Ostsee (Ostseestation Travemünde). Wir biegen dann rechts in die St.-Lorenz-Straße und gleich wieder links in die Kirchenstraße ein, die uns an der im spätgoti-

schen Stil erbauten Backsteinkirche St. Lorenz aus dem 16. Jahrhundert vorbeiführt. Weiter geht es über die Torstraße (rechter Hand über die Danzmannstraße erreicht man den Hafenbahnhof), die wir nach rechts in den Teutendorfer Weg verlassen, wobei wir die Bahngleise überqueren. Wir verlassen Travemünde, überqueren die B 75 auf der Brücke und fahren (z. T. ohne Radweg) nach Warnsdorf, wo wir am „SteakHof Warnsdorf" (Tel. 04502/2136, www.steakhofwarnsdorf.de) links abbiegen. Wir passieren kurz darauf „Karls Erlebnishof", der mit seinem Bauernmarkt und seiner Gutsküche nicht nur Einkaufs- und Einkehrmöglichkeiten bietet, sondern vor allem für Kinder zahlreiche Attraktionen (Maislabyrinth, Tiergehege, Riesen-Hüpfkissen usw.) bereithält. An der Fuchsbergsiedlung vorbei passieren wir mit teils hübschem Blick auf den Hemmelsdorfer See Getreide- und Erdbeerfelder und erreichen Kreuzkamp am Südufer des Sees. Auf der Offendorfer Straße verlassen wir den Ort und können in Offendorf einen kleinen Abstecher zum See an eine Badestelle machen. Der Radweg an der Straße ist gesäum von Linden, deren Wurzeln allerdings einige bedenkliche Radwegschäden verursacht haben. An der T-Kreuzung geht es rechts nach Hemmelsdorf weiter. Wer direkt nach Timmendorfer Strand möchte, kann in Hemmelsdorf links abzweigen und über den Hainholzweg nach Klein Timmendorf und zum Ostseebad gelangen.

Vom Aussichtsturm „Hermann-Löns-Blick" kann man den Hemmelsdorfer See und die Aalbek-Niederung schön überblicken.

Wir bleiben auf der Hauptstraße und biegen dann rechts ab in den Nothweg, der uns in die Niederung führt, was man bei feuchtem Wetter an den aufgeweichten Wegen und partiellen Überflutungen merkt. Rechter Hand liegt das Naturschutzgebiet „Aalbeek-Niederung" mit großen Niedermoor-Verlandungsbereichen, extensiven Feuchtgrünländern, Röhrichtstreifen und Bruchwäldern, um nur einige der Lebensräume zu nennen, die hier für die seltene Tier- und Pflanzenwelt geschützt werden. Wir radeln durch die Niederung, nach links gehen Wege nach Timmendorfer Strand und Niendorf ab. Nach Überquerung der Aalbeek (Abfluss des Sees in die Lübecker Bucht) auf einer Holzbrücke liegt zur Rechten der Aussichtsturm „Hermann-Löns-Blick", der einen herrlichen Blick über den Hemmelsdorfer

See ermöglicht. Im südlichen Becken des Sees befindet sich der mit 39 Meter unter Normalnull am tiefsten gelegene Festlandspunkt Deutschlands.

Nach der Turmbesteigung fahren wir am Vogelpark Niendorf/Timmendorfer Strand vorbei, der ca. 350 Vogelarten, darunter die größte Sammlung lebender Eulen der Welt, zeigt, nach Niendorf. Nach Überqueren der Bäderrandstraße erreichen wir an der Strandstraße den Hafen von Niendorf, wo wir verschiedene Einkaufs- und Stärkungsmöglichkeiten und auch eine Touristinformation finden. Ein Abstecher nach Timmendorfer Strand, zum Beispiel zu einem Besuch des Sea Life Centers, ist nach links die Strandstraße entlang möglich. Wir halten uns auf der Strandstraße rechts. Am Meerwasserbad haben wir die Mög-

Das Brodtener Steilufer erstreckt sich über vier Kilometer bei Travemünde am Ufer der Ostsee und erreicht an einigen Stellen eine Kliffhöhe von 20 Metern.

lichkeit, für die Rückkehr nach Travemünde die Strecke direkt am Ufer der Ostsee zu wählen, am Brodtener Steilufer an der Hermannshöhe vorbei und in Tra-

An der Mündung der Aalbek in die Ostsee liegt der Niendorfer Hafen.

vemünde an der Strandprome-nade bis zum Casino, nahe dem Strandbahnhof. Die andere Stre-cke führt etwas abseits der Küs-tenlinie zurück. Hierzu fahren wir die Travemünder Landstraße bis zum Abzweig Brodten, Hermanns-höhe nach links und erreichen über die Straße „Pfingstbusch" den Ort Brodten. Einen Abstecher nach links zur Hermannshöhe sollten wir uns aber hier auch nicht entgehen lassen, um einen Eindruck von dem sehenswerten Steilufer zu erhalten und im Erlebniscafé „Hermannshöhe"

(Reservierungen nur per Mail: info@die-hermannshoehe.de, www.die-hermannshoehe.de) eine kleine Stärkung einzunehmen. Noch vor 4000 Jahren waren die Hemmelsförde und die Traveförde offen zur Ostsee. Sie sind erst durch den Abtrag der Brodtener Landzunge, die früher einige Kilometer weiter in die Ostsee ragte, zum Meer hin weitgehend geschlossen worden – durch das abgetragene Sandmaterial der Brodtener Landzunge.

Brodten verlassen wir auf gerader Strecke in Richtung Travemünde. In die Stadt kommen wir über Wedenberg und Steenkamp hinein. Letztere Straße fahren wir durch und biegen nach links in die Fehlingstraße ab und kurz darauf in die Straße „Godewind" nach rechts, die uns wieder zum Strandbahnhof führt.

Information

Tourist-Information Travemünde
Bertlingstraße 21, 23570 Lübeck-Travemünde, Tel. 0451/8899700
www.travemuende-tourismus.de

Timmendorfer Strand Niendorf Tourismus
Timmendorfer Platz 10
23669 Timmendorfer Strand
Tel. 04503/35770
www.timmendorfer-strand.de

Ausstellungen/Museen/Sehenswürdigkeiten

Alter Leuchtturm Travemünde
Am Leuchtenfeld 1, 23570 Lübeck-Travemünde, Tel. 04502/8891790
www.leuchtturm-travemuende.de

Viermastbark Passat
Priwallpromenade 3a, 23570 Lübeck-Travemünde, Tel. 0451/1225202
www.travemuende-tourismus.de/unser-seebad/viermastbark-passat

Ostseestation Travemünde
Priwallpromenade 29–31, 23570 Lübeck-Travemünde, Tel. 04502/308705
www.ostseestation-travemuende.de

Karls Erlebnis-Hof Warnsdorf
Fuchsbergstraße 4, 23626 Warnsdorf
Tel. 038202/4050
www.karls.de

Sea Life Center
Kurpromenade 5
23669 Timmendorfer Strand
Tel. 07311/46115335
www.visitsealife.com/timmendorfer-strand

Vogelpark Niendorf
An der Aalbeek, 23669 Niendorf
Tel. 04503/4740
www.vogelpark-niendorf.de

Das Binnenland –
hügel- und seenreiche Naturparke

Von Eckernförde in den Naturpark „Hüttener Berge"

Eckernförde – Haby – Groß Wittensee – Holzbunge – Bistensee – Damendorf – Osterby – Eckernförde
Streckenlänge: ca. 51 km; Dauer: gut 5 Stunden
Bahnhof in Eckernförde

Die sanft hügelige Landschaft des Naturparks „Hüttener Berge" – auch als „Kleiner Harz" bezeichnet – liegt im Dreieck der Städte Rendsburg, Schleswig und Eckernförde. Letzteres nehmen wir als Startpunkt für die Rundtour von der Ostsee durch die binnenländische Hügel- und Seenlandschaft. Eckernförde bietet neben Strandleben, Meerwasserwellenbad, Hafenflair und Schiffsfahrten viele Einkehr-, Einkaufs- und Erlebnismöglichkeiten (wie Bonbonkocherei, Kaffeerösterei), Teilnahme an Stadtführungen und naturkundlichen Exkursionen. Auch ein Besuch des

Sanfte Hügel prägen die Landschaft in den Hüttener Bergen.

Museums Eckernförde im historischen Rathaus oder des Ostsee Info-Centers zum Kennenlernen der Lebewelt der Ostsee sind lohnende Anlaufpunkte für den Besucher. Doch wir wollen uns von hier zunächst in Richtung Westen gen Binnenland aufmachen.

Vom Bahnhof Eckernförde sehen wir am Ausgang bereits die ersten Radweg-Ausschilderungen: Geradeaus geht es Richtung Kiel, Altenhof und Marienthal; wir folgen auf unserer Tour weitgehend der regionalen Ausschilderung der Eiszeittour durch die Hüttener Berge (Landschaftssymbol mit Schneeflocken).

Von der Bahnhofstraße geht es rechts auf die Kieler Straße und dann links an die Ostseepromenade. Am Südstrand entlang fahren wir mit Blick auf die Eckernförder Bucht an die B 76 heran und biegen rechts Richtung Marienthal ab. Nach Überquerung der Bahnschienen fahren wir auf der Straße „Auf der Höhe" die Steigung hinauf.

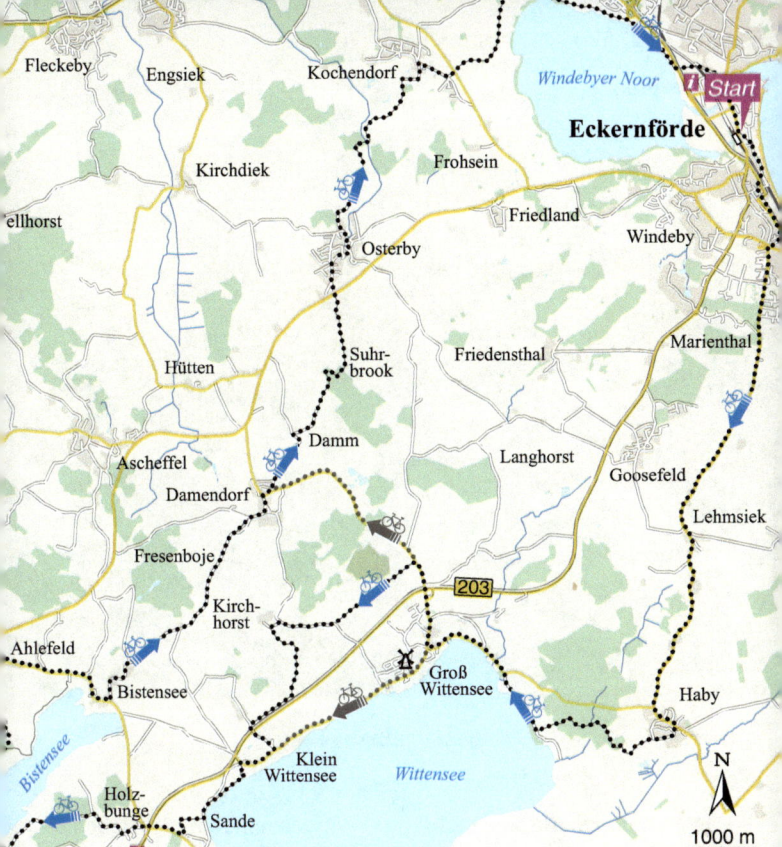

Wir durchqueren Marienthal und fahren an der von Eichen gesäumten Straße weiter bis Lehmsiek. Kurz vorher ist auf einer Anhöhe ein Steingrab zu sehen, ein kulturhistorisches Denkmal, das auf die Bestattungsriten früherer Zeiten hinweist.

Von Lehmsiek geht es nach Haby, wo wir den Dorfplatz und den Landgasthof „Haby-Krog" (Tel. 04356/661, www.haby-krog.de) passieren. Kurz darauf geht es im Ort rechts ab Richtung Groß Wittensee. Über Platten- und Wanderwege der Habyer Au kommen wir an den Wittensee, der linker Hand durch die Gehölze zu sehen ist.

Der Wittensee mit seiner charakteristischen rechteckigen Form ist mit einer Fläche von 1000 Hektar der größte See im Landesteil Schleswig. Er ist als Zungenbeckensee in der letzten Eiszeit entstanden. Das heißt:

Der Wittensee ist der fünftgrößte See in Schleswig-Holstein.

Das im heutigen Becken des Wittensees fehlende Erdmaterial entspricht vom Volumen her ungefähr dem durch die Gletscher nach Westen transportierten und dort abgelagerten Erdmaterial der westlich des Sees gelegenen, bis zu 70 Meter hohen Duvenstedter Berge (sogenannte Stauchmoränen).

An der Hauptstraße halten wir uns links und erreichen den Ort Groß Wittensee. An der Kreuzung können wir links in den Ort fahren und zum Beispiel an der Badestelle ein kleines Bad im Wittensee nehmen, im „Schützenhof" (Tel. 04356/170, www. hotel-wittensee.de) einkehren oder uns die Windmühle „Auguste" vom Typ Kellerholländer, die im Jahr 1874 erbaut wurde, ansehen (Mühlenführungen sind nach Anmeldung möglich: Tel. 04356/995149, www. windmuehle-auguste.de).

Die Eiszeittour macht einen kleinen Schlenker um den Ort (wer durch Groß Wittensee am See entlangfährt, kommt aber auch wieder auf die Tourstrecke). Für den Schlenker geht es an der

Kleine Wäldchen, Gehölzgruppen und die typischen mit Bäumen und Sträuchern bewach-
senen Wallhecken (Knicks) lockern das Landschaftsbild in den Hüttener Bergen auf.

Kreuzung nicht links in den Ort, sondern rechts Richtung Orts-
ausgang. Wir überqueren die B 203 und biegen links in den Plattenweg ein, an dessen Ende wir uns mit schönem Blick über die hügelige Landschaft der Hüt-tener Berge geradeaus in Rich-tung Kirchhorst halten, wo es links am Pony- und Reiterhof Kirchhorst vorbei weitergeht. An der folgenden T-Kreuzung geht es links (rechts Abkürzungsmög-lichkeit der Tour direkt nach Da-mendorf), und wir biegen – dem Wegverlauf folgend – dann nach links auf die Überquerung der B 203 ab und kommen nach Klein Wittensee, wo wir nach rechts auf die Ortsstraße einbie-gen. Am Ortsausgang halten wir uns schräg links und fahren am Wittensee, an der Badestelle vor-bei, Richtung Sande. Nach kur-zem Anstieg geht es in Sande rechts ab.

An der nächsten Straße halten wir uns wieder rechts und gelan-gen bei Holzbunge an die B 203, die wir geradeaus überqueren (Überquerung etwas links über die Verkehrsinsel). Dann biegen

Auch die Seen, wie hier der Bistensee, gehören zur Landschaft der Hüttener Berge, die vor allem durch die letzte Eiszeit ausgebildet worden ist.

wir links in den Ort Holzbunge ab. (Die Eiszeittour geht geradeaus zum Ort Bistensee weiter.) Wir wechseln zur Umrundung des Bistensees auf die Hüttener-Berge-Tour (grünes Landschaftssymbol mit Flusslauf im Vordergrund) und kommen im Ort Bistensee später wieder auf die Eiszeittour Richtung Damendorf. In Holzbunge biegen wir rechts in Richtung Alt Duvenstedt (Mühlenweg) ab.

Bald kommt der Bistensee in der hügeligen Landschaft zum Vorschein. An seinem Südufer erreichen wir die Keramik-Werkstatt und das „Keramik-Café" (Tel. 04338/999225 oder 1096), wo wir gemütlich im Garten sitzen können – so das Wetter es zulässt; einige Meter weiter, direkt am Bistensee gelegen, finden wir das noble Seehotel „Töpferhaus" mit dem Restaurant „LammButtRind" (Tel. 04338/99710, www.toepferhaus.com). Im „Töpferhaus" gibt es einen Tourist Info Punkt für den Naturpark Hüttener Berge. Oben an der Straße fahren wir rechts; nach links ist ein Abstecher zum Naturerlebnisraum Kolonistenhof möglich, in dem auf einer Fläche von 14 Hektar Außengelände unter anderem das harte Leben der Kolonisten aus dem Württembergischen dargestellt wird, die Ende des 18. Jahrhunderts vom dänischen König in die Region geholt worden sind.

Entlang der Straße (evtl. auch ein Stück abseits) erreichen wir rechts abbiegend Ahlefeld, wo es am Katerberg rechts nach Bistensee abgeht. In diesem Ort am Nordufer des gleichnamigen Sees gibt es eine Badestelle mit Liegewiese und die „Seeterrasse Bistensee" (Tel. 04353/9989569, www.seeterrassebistensee.de). Wir biegen im Ort links ab in den Dixrader Weg Richtung Damendorf, womit wir uns auch wieder auf der Eiszeittour-Strecke nach Eckernförde zurück befinden.

Durch eine schöne Knick- und Wiesenlandschaft, zum Teil beidseitig des Weges von Knicks gesäumt (sogenannte Redder), kommen wir nach Damendorf, das wir an der T-Kreuzung rechts abbiegend durchfahren. Am Ortsende passieren wir den links abgehenden Kirchenweg Richtung Osterby und biegen kurz darauf

Richtung Damm/Lehkrug ab. Wir biegen dann links ab und kurz darauf in Damm wieder rechts Richtung Lehkrug.

Dem Linksknick folgend geht der Plattenweg in ein Waldstück, wo wir uns an der Weggabelung links halten. Den Wald verlassend kommen wir auf dem Hauptwanderweg E 6 (weiße Andreaskreuz-Markierungen) über Suhrbrook an die L 265. Wir überqueren sie und gelangen nach Osterby. Auf der Dorfstraße geht es durch den Ort. Der Abzweig nach Osterbyholz führt zu einem bekannten Islandpferdegestüt.

Wir verlassen die Ortsstraße nach links Richtung Hummelfeld, bleiben dann aber geradeaus Richtung Kochendorf. An der T-Kreuzung rechts, an einer kleinen einladenden Bank mit Tisch vorbei, dann über mal schmalerem oder breiterem Weg kommen wir über eine weitere Kreuzung nach Kochendorf, wo wir uns rechts Richtung Eckernförde und Windebyer Noor halten.

Auf der Hauptstraße verlassen wir Kochendorf, fahren am Feuerwehrhaus geradeaus über die Straße und fahren um das Windebyer Noor, uns hier geradeaus haltend, links herum (auf der westlichen Seite) nach Eckernförde zurück.

Das eiszeitlich entstandene Noor war früher ein Teil der Eckernförder Bucht, ist heute aber ein brackiger Binnensee ohne oberirdische Wasserverbindung zur Ostsee. Das Gewässer ist in der Ferne zu sehen, und wir radeln an einer schönen Allee alter Schwarzpappeln entlang. Später verläuft der Weg nahe am Ufer und ist als Naturlehrpfad mit diversen Informationstafeln zur Geologie und zur Tier- und Pflanzenwelt des Noors versehen.

In Eckernförde unterqueren wir die Bundesstraße und gelangen kurz darauf zum UmweltInfoZentrum Eckernförde. Die seit 1996 bestehende Umweltbildungseinrichtung führt zahlreiche Veranstaltungen (vor allem für Kinder) durch und bietet mit ihrem Stein-, Färber- und Klostergarten, der Streuobstwiese, dem Fledermausgarten und anderem vielfältige Anregungen für den Naturschutz im eigenen Garten. Wir fahren weiter Richtung Stadt, unter der Bahnlinie hindurch und dann gleich rechts auf die Straße „Pferdemarkt", an deren Ende wir uns rechts

halten. Über die Reeperbahn gelangen wir wieder zu unserem Ausgangspunkt, dem rechter Hand liegenden Bahnhof Eckernförde.

Information

Touristinformation
Eckernförde Touristik und Marketing
GmbH
Am Exer 1
24340 Eckernförde
Tel. 04351/71790
www.ostseebad-eckernfoerde.de

Naturpark Hüttener Berge e. V.
Schulberg 6
24358 Ascheffel
Tel. 04356/613
www.naturpark-huettenerberge.de

Ausstellungen/Museen/
Sehenswürdigkeiten

Museum Eckernförde
Rathausmarkt 8
24340 Eckernförde
Tel. 04351/712547
www.museum-eckernfoerde.de

Ostsee Info-Center
Jungfernstieg 110
24340 Eckernförde
Tel. 04351/726266
www.ostseeinfocenter.de

UmweltInfoZentrum Eckernförde (UIZ)
Noorwanderweg (Zufahrt über den Hans-
Christian-Andersen-Weg)
24340 Eckernförde
Tel. 04351/3027
www.umweltbildung-eck.de

Naturerlebnisraum Kolonistenhof
Bornbarg 11
24791 Neu Duvenstedt
Tel. 04338/999799
www.kolonistenhof.de

Rund Westensee und Freilichtmuseum Molfsee

Felde – Westensee – Wrohe – Hohenhude – Steinfurt – Achterwehr – Felde
Streckenlänge: ca. 29 km; Dauer: ca. 3 Stunden; Abstecher zum Freilichtmuseum:
6 km (einfache Strecke)
Bahnhof in Felde; vom Freilichtmuseum auch Rückkehr über Bahnhof Kiel möglich
(ca. 6 km zusätzlich)

Der etwa sieben Quadratkilometer große Westensee ist der Namensgeber des Naturparks „Westensee", ein seit 1969 als Naturpark ausgewiesenes 250 Quadratkilometer großes Seen- und Waldgebiet südwestlich von Kiel. Dieses erstreckt sich in dem Dreieck der Städte Kiel, Neumünster und Rendsburg.

1989 wurde ein etwa 620 Hektar großes Teilstück des Naturparks zum Naturschutzgebiet erklärt. Dieses umfasst das Gebiet des Ahrensees, eine durch Verlandung abgetrennte Bucht des Westensees, den nördlichen und östlichen Westensee, einen Teil der östlich gelegenen Eider sowie ein größeres Waldgebiet. Geformt wurde diese einzigartige Landschaft in der letzten Eiszeit, der Weichsel-Eiszeit. Besonders südlich des Westensees zeugen einige für diese Gegend erstaunlich hohe Hügel, wie zum Beispiel der 88 Meter hohe Tüteberg, von der Kraft des Eises. Darüber hinaus gibt es vor allem im Bereich des Kleinen Schierensees mehrere beeindruckend hoch aufgeschobene Wälle von Endmoränenzügen.

Einige Megalithgräber (Großsteingräber) zeugen von einer beginnenden Besiedlung des Gebiets ab der Jungsteinzeit. Während der Eisenzeit wanderte die Bevölkerung jedoch ab, sodass sich ein ausgedehntes, urwaldartiges Waldgebiet bilden konnte. Erst um etwa 1100 kehrten die Menschen in diese Gegend zurück. Da die durch den Westensee fließende Eider bis hierher schiffbar war, erschloss sich eine Abkürzung, um von der Nordsee schnell Waren in den Ostseeraum zu bringen. Mit Booten wurden die Güter den gesamten Weg von der Küste bis zum Westensee gefahren und hier für den weiteren Weg auf Karren umgeladen. Auf diese Weise sparten sich die Händler den bedeutend längeren und gefährlicheren Weg um Dänemark

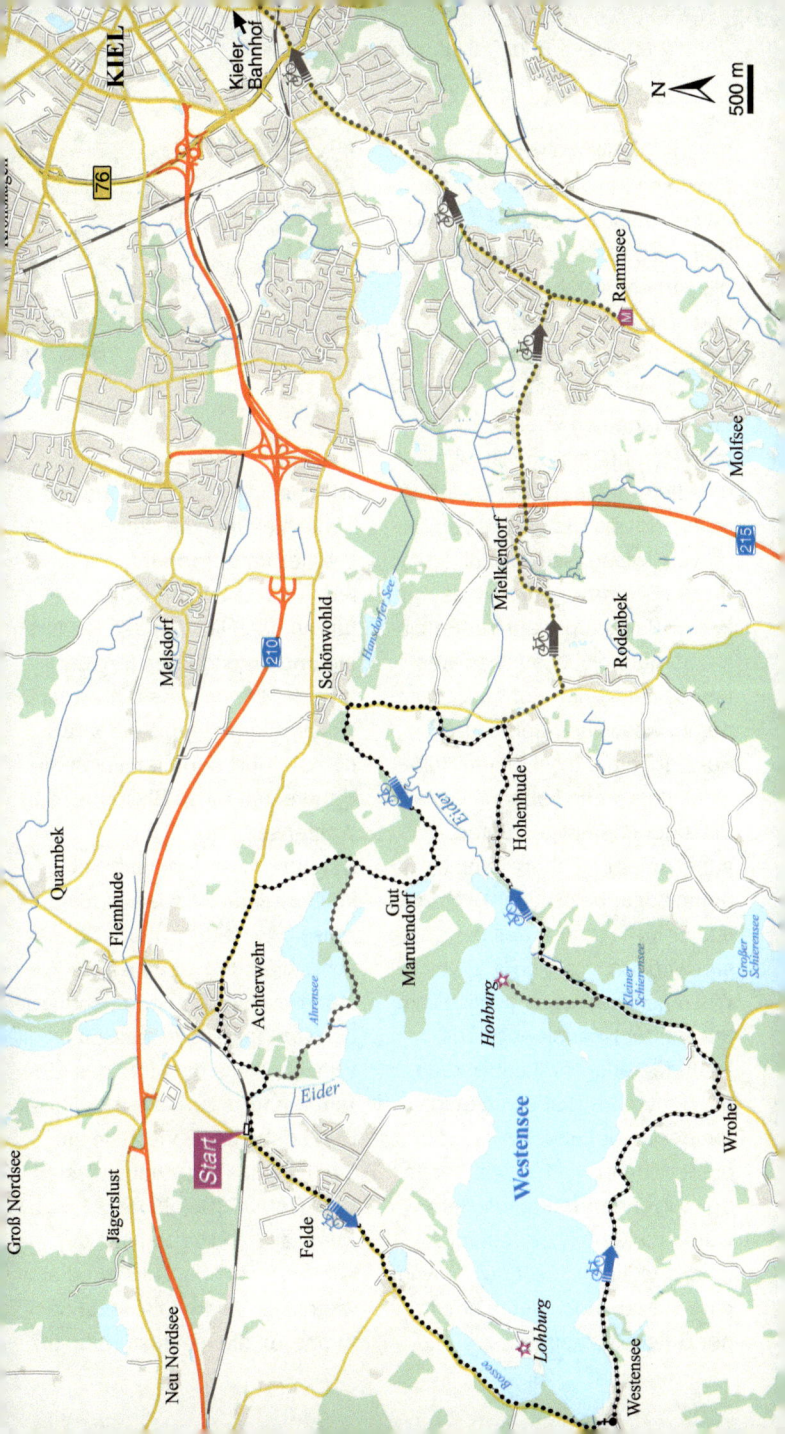

herum. Der Nord-Ostsee-Kanal erfüllt nun eine ähnliche Aufgabe. An den südlichen und östlichen Ufern des Westensees errichteten die vornehmlich holländischen und flämischen Händler Lagerplätze, um ihre Waren umzuladen. Davon zeugen noch heute einige Ortsnamen wie Hohenhude oder Flemhude. Hude ist nämlich ein alter norddeutscher Begriff für Sammelplatz. Die ansässigen Ritter vom Westensee kontrollierten diesen Schiffsverkehr mittels zweier Burgen, der auf der Halbinsel Börner im südöstlichen Westensee gelegenen Hohburg sowie der im westlichen Gebiet des Sees auf einer Insel (heute Halbinsel) gelegenen Lohburg. Den Platz der ehemaligen Befestigungsanlage Hohburg kann man heute sogar besichtigen, worauf später im Text noch mal hingewiesen wird. Da sich die Ritter von Westensee jedoch angeblich vom Schutz der Handelswege auf Raubritterei umstellten, wurden die Burgen um 1350 von Soldaten der Stadt Lübeck zerstört und die Ritter mehrheitlich getötet. In den folgenden Jahrhunderten wurde die Gegend vornehmlich landwirtschaftlich genutzt, wovon eine Vielzahl noch heute erhaltener Gutshöfe zeugt.

Der Westensee ist an vielen Stellen von Wald umgeben.

Wir beginnen unsere Rundtour, die uns einmal um den Westensee herumführen wird, am Bahnhof in der Ortschaft Felde. Wir fahren nach links in den Ort hinein und durchqueren ihn. Entlang der Landstraße fahren wir einige Kilometer, bis die Straße bergab führt und man linker Hand einen tollen Blick über den Westensee hat.

Der nun meist direkt am See entlangführende Radweg ist teilweise unbefestigt, aber in einem ausreichenden, befahrbaren Zustand. Wenig später erreichen wir den Ort Westensee, dessen Geschichte bis in die Mitte des 13. Jahrhunderts zurückreicht. Linker Hand nahe der Badestelle am See liegt das „Gasthaus Westensee" (Tel. 04305/9979921, www.gasthaus-westensee.de). Wir fahren schräg links auf die weithin sichtbare St.-Catharinen-Kirche zu, die mindestens so alt

Die alte Wallfahrtskirche St. Catharinen dominiert das Ortsbild von Westensee.

ist wie der Ort selbst und damals als gotische Backsteinkirche errichtet wurde. Wer noch eine der höchsten Erhebungen im Naturpark „Westensee" besteigen will, sollte sein Fahrrad irgendwo in der Nähe der Kirche parken und die insgesamt etwa drei Kilometer lange Strecke zu Fuß zurücklegen. Der Pfad beginnt direkt hinter dem ersten Haus auf der rechten Seite, wenn man von der Kirche aus in die Straße „Am See" hineingeht. Von dem Berg aus hat man einen tollen Blick über den Westensee und die umgebende Landschaft.

Auf dem weiteren Weg entlang des Sees verlassen wir den Ort Westensee und fahren an der Jugendherberge sowie dem Gut Westensee und einem Reitverein vorbei. Immer wieder hat man von der Straße aus einen schönen Ausblick auf den Westensee. Wir passieren Waldstücke und Wiesen und erreichen nach einigen Kilometern eine beachtliche Steigung, ein Teil der früheren Gletschermoränen. Oben angekommen erreichen wir den Ort Wrohe, wo wir nach links auf die Dorfstraße fahren. Nach wenigen Metern findet man auf der linken Seite zwei Bänke, wo man den schönen Ausblick über den See genießend eine Rast einlegen kann. Auf dem weiteren Weg halten wir uns links und erreichen am Fuß des Hügels eine Badestelle. Wir fahren weiter an dem Campingplatz vorbei und in den Wald hinein, wo der asphaltierte Weg endet und man über den Waldweg fahren muss, der jedoch in einem guten Zustand ist. Rechter Hand kann man hin und wieder durch die Bäume einen Blick auf den Kleinen Schierensee werfen. Wenn der Waldrand in Sichtweite ist, kann man einen Pfad nach links weiterfahren und erreicht, sich rechts haltend, nach etwa einem Kilometer die Stelle, wo früher die Hohburg stand. Eine Informationstafel liefert noch detailliertere Informationen über die an dieser Stelle sehr beeindruckende Topografie des Geländes sowie die Geschichte der Hohburg. Wir überqueren auf dem weiteren Weg den Schierensee-

Hoch ragt der Tüteberg (im Hintergrund) über dem Bossee auf – einer Seitenbucht des Westensees.

bach, welcher den Kleinen Schierensee mit dem Westensee verbindet. Wir fahren nun noch ein Stückchen entlang des Sees und erreichen eine weitere Badestelle. Hier bietet sich von dem Steg aus, wie auch an vielen anderen Stellen am Westensee, die Möglichkeit zu vogelkundlichen Beobachtungen. Für den Haubentaucher etwa ist der Westensee nicht nur ein bedeutendes Brutgebiet, sondern, ebenso wie für viele Entenarten, ein wichtiger Rastplatz. Mit etwas Glück lassen sich auch Rotmilan, Seeadler oder Kormoran beobachten, die den See zur Nahrungssuche abfliegen. Neben der vielfältigen Tierwelt ist die Flora des Naturparks einzigartig für Schleswig-Holstein. So ist der See besonders reich an Verlandungsgebieten mit Großseggenrieden, Röhrichten, Mooren und Bruchwäldern. Darüber hinaus gibt es wertvolles Feuchtgrünland, Quellbereiche und naturnahe Uferwaldstreifen. Nach Erklimmen der anschließenden Steigung erreichen wir den Ort Hohenhude. Unterhalb des Ortes fließt Schleswig-Holsteins größter Fluss, die Eider, in den Westensee. Wir fahren weiter auf der Straße „Lang't Dörp", verlassen Hohenhude und kommen zur Landstraße von Schönwohld nach Rumohr.

Wer möchte, kann hier auch an der Landstraße für einen Abstecher zum Freilichtmuseum Molfsee (ca. 6 km, einfache Strecke) nach rechts weiterfahren. An der nächsten Abzweigung biegt man links ab und erreicht nach einigen Kilometern nach Durchfahren des Dorfes Mielkendorf den Ort Rammsee. Wenn man hier an der T-Kreuzung rechts fährt, gelangt man nach der Steigung zum linker Hand gelegenen Schleswig-Holsteinischen Freilichtmuseum. Auf einem etwa 60 Hektar großen Gelände kann man hier fast 70 Originalgebäude früherer Zeiten aus Schleswig-Holstein besichtigen. Eine Vielzahl von Aktionen und wechselnden Veranstaltungen machen das Museum zu einem lohnenden Abstecher. Wer möchte, kann von hier aus zur Westensee-Tour zurückkehren oder auch zum Kieler Hauptbahnhof (ca. 6 km vom Museum) fahren, um von dort per Bahn wieder den Felder Bahnhof zu erreichen. Dazu muss man die Hamburger Landstraße, die direkt am Museum verläuft, Richtung Kieler In-

nenstadt fahren und kommt so immer geradeaus über Hamburger Chaussee und Sophienblatt zum Bahnhof. Hier befindet sich eine Radstation, an der man sein Fahrrad für eine Tour zu Fuß durch die Landeshauptstadt sicher abstellen kann. Außerdem findet man in dem sogenannten Umsteiger eine Fahrradwerkstatt und einen Fahrradverleih.

Alle, die die Strecke zurück zum Felder Bahnhof nehmen wollen, fahren wieder zur Landstraße Richtung Schönwohld. Wir fahren auf dem westlich parallel dazu verlaufenden Mühlenweg. An der alten Steinbrücke überqueren wir die Eider, passieren das heute als Kulturzentrum genutzte Gebäude der alten Steinfurther Mühle und erreichen wieder die Landstraße, die wir nach links entlangfahren. Kurz vor Schönwohld biegen wir nach links Richtung Marutendorf ab, radeln über die Schotterstraße entlang der Eidertalniederung und passieren das Gut Marutendorf. Nach Überwinden eines größeren Hügels geht linker Hand ein Feldweg ab. Hier bieten sich uns zwei unterschiedliche Möglichkeiten, zurück zum Felder Bahnhof zu gelangen. Wer holprige und bei feuchter Witterung matschige

Auf dem unbefestigten Pfad geht es durch die landschaftlich besonders ansprechende Niederung zwischen Ahrensee und Westensee.

Streckenabschnitte meiden will, sollte die erstgenannte Strecke fahren. Hierzu fahren wir an der erwähnten Abzweigung noch geradeaus und halten uns im kurz darauf erreichten Wald links. Vorbei an der Badestelle am Ahrensee erreichen wir die Landstraße nach Achterwehr, auf die wir nach links abbiegen. Linker Hand hat man einen tollen Blick auf die vielseitige Seenlandschaft von Ahrensee und Westensee. Wenig später fahren wir in Achterwehr links in die Poststraße, biegen von dem Betonplattenweg nach rechts auf den Sandweg ab und erreichen bald darauf nach Überqueren der Eider den Ausgangspunkt am Felder Bahnhof. Die zweite Möglichkeit, um zum Felder Bahnhof zurückzugelangen, ist die landschaftlich etwas reizvollere Strecke durch die Niederung zwischen Westensee und Ahrensee. Dazu halten wir uns an oben genannter Abzweigung links, durchqueren ein Waldgebiet und erreichen den Weg durch die Niederung zwischen Ahrensee und Westensee; eine kleine Brücke führt über die Wasserverbindung der beiden Seen. Eine Informationstafel beschreibt die Lebensweise der Seeadler, von denen bereits seit vielen Jahren ein Brutpärchen in dieser Gegend lebt. Mit etwas Glück kann man sogar eines dieser majestätischen Tiere erspähen. Nach Verlassen der Niederung erreichen wir wieder ein kleines Waldgebiet, halten uns anschließend auf dem Betonspurweg rechts und biegen wenig später nach links in den „Sandweg" ein. Unweit der Bahnschienen kann man die Eider über eine 2014 neu errichtete Stahlbrücke überqueren. Nun fahren wir immer entlang der Schienen und erreichen so den Ausgangspunkt am Felder Bahnhof.

Information

Tourismusverein Nortorfer Land und Naturpark Westensee e. V.
Niedernstr. 6 (im Rathaus)
24589 Nortorf
Tel. 04392/4068760
www.tourismus-naturpark-westensee.de

**Ausstellungen/Museen/
Sehenswürdigkeiten**

Schleswig-Holsteinisches Freilichtmuseum
Hamburger Landstraße 97
24113 Molfsee
Tel. 0431/6596622
www.freilichtmuseum-sh.de

Umsteiger Fahrradparkhaus –
Servicezentrale & Radstation
Sophienblatt 29
24114 Kiel
Tel. 0431/2377790
www.kiel.de/de/umwelt_verkehr/clever_
mobil/umsteiger_servicezentrale_radstation.php

Der 1971 eingerichtete Natur-

Von Hohenwestedt in den Naturpark „Aukrug"

Hohenwestedt – Aukrug – Sarlhusen – Oschebüttel – Poyenberg – Altenjahn – Hohenwestedt
Streckenlänge: ca. 39 km; Dauer: 4 Stunden
Bahnhöfe in Hohenwestedt und Aukrug

park „Aukrug" liegt im Dreieck der Städte Rendsburg, Itzehoe und Neumünster und befindet sich als einziger der insgesamt sechs Naturparke Schleswig-Holsteins, die alle in der Landschaft des Östlichen Hügellandes liegen, in der sandigen Geestlandschaft, die sich wie ein Streifen von Nord nach Süd durch die Mitte Schleswig-Holsteins zieht. Startpunkt für die Tour durch den Naturpark „Aukrug" ist der Bahnhof in Hohenwestedt. Wir verlassen den Bahnhof und fahren rechts über die Gleise und unter der B 430 hindurch, folgen dem Straßenverlauf und biegen rechts

Nach der Überquerung der Buckener Au gelangt man zum Boxberg.

ab Richtung Grauel, wo wir die Hauptstraße überqueren und dann auf dem Buckener Weg bleiben. An einem großen Findling überqueren wir die Buckener Au und fahren an der T-Kreuzung links ab Richtung Bucken. Die Landschaft ist mit ihren kleinen Feldern, Knicks, frei stehenden Bäumen und kleinen Gehölzgruppen recht abwechslungsreich und ähnelt bisweilen eher einer Parklandschaft als einer stark landwirtschaftlich genutzten Region. An der B 430 fahren wir ein Stück nach rechts auf dem Radweg entlang, bis es links Richtung Boxberg abgeht. Hier kann man das Fahrrad mal abstellen und eine kleine Wanderung in die hübsche und abwechslungsreiche Wald- und Heidelandschaft des 77 Meter hohen Boxbergs unternehmen. Das Café und Restaurant „Am Boxberg" (Tel. 04873/625, www. am-boxberg.de) ist ein sehr beliebtes Ausflugsziel der Region. Wir erreichen – am Fuße des

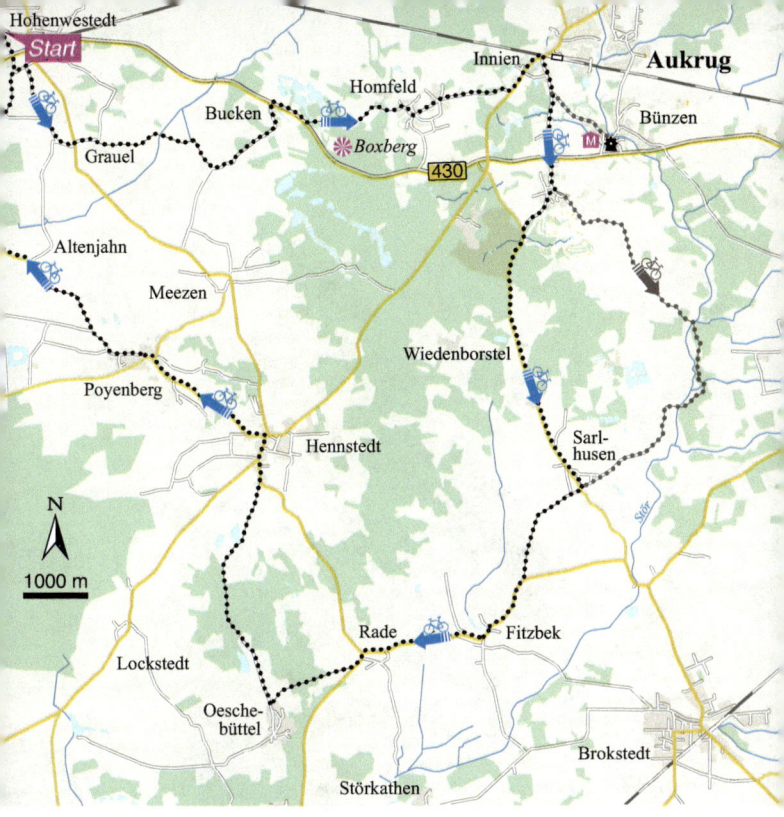

Boxbergs entlangradelnd – alsbald Aukrug-Homfeld, wo wir uns rechts halten und gleich wieder links Richtung Aukrug-Innien. In Innien kommen wir am „Café Erlenhof" (Tel. 04873/998949) vorbei, wo es nicht nur guten Kuchen gibt, sondern auch handwerkliche Produkte aus verschiedenen Behindertenwerkstätten der Region erworben werden können. Weitere Einkehrmöglichkeiten gibt es im Ort, wo wir kurz vor den Schranken der Bahnschienen scharf rechts abbiegen (Rückkehrmöglichkeit per Bahn nach Hohenwestedt) auf die Bargfelder Straße.

Nach links am Freibad vorbei ist ein Abstecher zu zwei Sehenswürdigkeiten Aukrugs möglich (ca. 3 km hin und zurück): zum Freilichtmuseum „Dat ole Hus" und zur 450 Jahre alten Wassermühle im Ortsteil Aukrug-Bünzen. In dem kleinen Heimatmuseum kann man erfahren, wie die Menschen in früheren Zeiten in dieser Region Schleswig-Holsteins gelebt haben, Spezialität des

Museumscafés sind die heißen Waffeln mit Kirschgrütze und Sahne (auf Bestellung für Gruppen, Tel. 04873/603).

Auf der Bargfelder Straße kommen wir wieder an die B 430, die wir an der rechter Hand liegenden Unterführung unterfahren. An der nächsten Kreuzung bieten sich zwei Wege nach Sarlhusen an, entweder geradeaus durch die Niederung der Bünzau, die wir auf dem Weg zweimal über eine Brücke überqueren müssen (ca. 3 km länger), oder die Strecke, die hier nach rechts abbiegend weiterführt. Wir nehmen letztere Möglichkeit als die kürzere Wegstrecke und kommen am Golfplatz des Mittelholsteinischen Golf-Clubs Aukrug e.V. vorbei an die Hauptstraße, an der wir links abbiegen. Am Ortseingang von Sarlhusen geht links ein Weg zur Fischzucht Reese ab, die an der ehemaligen Papiermühle zahlreiche Fischteiche betreibt (Abstecher ca. 4 km hin und zurück, falls noch ein Räucherfisch mit auf den Weg soll; Tel. 04324/8810845). Im Ort kommen von links auch wieder die Radfahrer auf unsere Route,

Das Freilichtmuseum „Dat ole Hus" in Aukrug-Bünzen informiert die Besucher über das ländliche Leben früherer Zeiten.

die durch die Niederung gefahren sind.

In Sarlhusen biegen wir rechts auf die Hauptstraße nach Fitzbek ab. Diesen Ort durchfahren wir, weiter nach Rade, wo es an der T-Kreuzung nach links geht und kurz darauf von der Hauptstraße abbiegend nach rechts auf einen Betonspurweg, über den wir nach Oeschebüttel kommen. Dort geht es an der T-Kreuzung rechts. Der Betonspurweg und zum Teil auch Asphaltwege führen an Feldern entlang und durch Waldstücke, vorbei am Landhotel und Restaurant „Seelust" (Tel. 04877/677, www.seelust.de) auf die Hauptstraße, auf der wir nach links abbiegend in den Ort Hennstedt gelangen. Den 170 Meter hohen Fernsehturm, der auf dem Stilker Berg nahe des Ortes steht und die Landschaft weithin überragt, haben wir bereits aus der Ferne bei der Anfahrt an den Ort mehrfach gesehen. Im Hennstedt halten wir uns links Richtung Poyenberg, das unter Folkmusikfreunden vor allem für sein jährlich stattfindendes Irish Folk Open Air Festival bekannt ist.

In Poyenberg biegen wir links ab Richtung Silzen, aber gleich darauf rechts und wieder links

Im Altenjahner Kräutergarten findet man auf einer Fläche von 5000 Quadratmetern mehrere Themengärten, zum Beispiel einen Duftgarten, Zitronengarten, Apothekergarten, Zaubergarten und Bauerngarten.

Richtung Altenjahn. An der Kreuzung halten wir uns links und erreichen den Altenjahner Kräutergarten von Traute Struve, der eine besondere Vielfalt an Kräutern und anderen Pflanzen zeigt und für Gartenfreunde eine Fülle von interessanten und originellen Gartengestaltungsideen bereithält.

Wir verlassen den Garten nach links und radeln auf der Strecke weiter entweder bis zur B 77, an der entlang wir nach rechts wieder nach Hohenwestedt gelangen, oder wir biegen einen knappen Kilometer vor der Bundesstraße im Wald rechts ab und kämpfen uns die Anhöhe des ziemlich sandigen Waldwegs hinauf, der bei stark feuchter Witterung zudem recht matschig werden kann. Am Ende des Waldes, wo linker Hand einige Hügelgräber liegen, fahren wir geradeaus und kommen wieder auf die Strecke, auf der wir Hohenwestedt zu Beginn verlassen haben. Wir biegen nach links, unterfahren die Bundesstraße und erreichen den

Bahnhof Hohenwestedt auf bekanntem Wege.

Ein Abstecher in den Ort bietet uns diverse Einkehrmöglichkeiten im Zentrum, aber auch eine schlichte barocke Saalkirche von 1770 mit einer ungewöhnlich geschweiften Turmhaube, dem Wahrzeichen der Stadt, sowie das Heimatmuseum im Burmesterhaus, das vor allem über das frühere Leben der Menschen auf dem kargen schleswig-holsteinischen Geestrücken informiert.

Information

Naturpark Aukrug e. V.
Bargfelder Straße 10
24613 Aukrug
Tel. 04873/8714661
www.naturpark-aukrug.com

**Ausstellungen/Museen/
Sehenswürdigkeiten**

Freilichtmuseum „Dat ole Hus"
Na't ole Hus 1
24613 Aukrug-Bünzen
Tel. 04873/603
www.dat-ole-hus.chayns.site

Altenjahner Kräutergarten
Traute Struve
Altenjahn 4
24594 Grauel
Tel. 04871/8103
www.naturpark-aukrug.com/aktiv-unterwegs/ausflugstipps/kraeutergarten-altenjahn.html

Heimatmuseum Hohenwestedt
im Burmesterhaus
Friedrichstraße 11
24594 Hohenwestedt
Tel. 04871/2229
www.heimatmuseum-hohenwestedt.de

Rund um den Plöner See

Plön – Bosau – Nehmten – Dersau – Ascheberg – Plön
Streckenlänge: ca. 37 km; Dauer: knapp 4 Stunden
Bahnhöfe in Plön und Ascheberg

Der von der Schwentine durchflossene Plöner See ist der größte See Schleswig-Holsteins. Er ist nicht nur für Tourismus und Erholung bedeutsam, sondern auch für die Vogelwelt als Lebensraum, Brutareal, Rast- und Überwinterungsgebiet.

Start der Tour um den See ist entweder direkt am Bahnhof Plön, wo sich auch die Touristinformation befindet und lediglich die Bahnlinie unterquert werden muss, um auf den Seeuferweg zu gelangen, oder mit dem Auto am Parkplatz kurz vor dem Ortsausgang Plöns in Richtung Eutin an der Fegetasche (Parkmöglichkeiten), wo neben einer Badestelle an einem Anleger der

Die 850 Jahre alte St.-Petri-Kirche in Bosau gehört zu den ältesten Kirchen des Landes.

Großen Plöner See-Rundfahrt auch die Schiffe der 5-Seen-Fahrt in Richtung Malente ablegen. An dem Anleger der 5-Seen-Fahrt liegt das Hotel Lake House Plön mit dem Cafe Fegetasche (Tel. 04522/8029793, www.lakehouse-ploen.de). Hier gab es in früheren Zeiten eine Zollstation, in der den Reisenden die Taschen „leer gefegt" wurden.

Von der Fegetasche fahren wir auf der Hauptstraße in Richtung Ortsausgang an den Kasernen vorbei und am Leuchtturm rechts Richtung Campingplatz. Vorbei an der Fachklinik Freudenholm-Ruhleben geht es links in den Wald. Bald erreichen wir den Vierer See, der linker Hand an unserem Weg liegt. Später kommen wir wieder an den rechts von uns liegenden Plöner See. Über Wiesen und extensiv bewirtschaftete Weiden können wir gleichzeitig beide Gewässer sehen.

Ein scharfer Rechtsknick führt uns am Waldrand entlang nach Bosau hinein. Hier finden wir mehrere Einkehrmöglichkeiten, zum Beispiel das Gasthaus „Zum

Frohsinn" (Tel. 04527/269, www.zum-frohsinn.de). An der Kreuzung im Zentrum können wir rechts abbiegen zum Haus des Kurgastes, zum Anleger der Bosau-Fahrt und zu der vom Bischof Vicelin 1151/52 gegründeten St.-Petri-Kirche, einer der ältesten Kirchen des Landes. Wir halten uns geradeaus und biegen anschließend schräg rechts ab; scharf rechts geht es zum Badestrand. Bald erreichen wir Stadtbek und kurz darauf Bredenbek sowie nach Überqueren der Tensfelder Au den Ort Nehmten, wo das 1712 erbaute, um 1850 erweiterte Herrenhaus Nehmten steht. Die herrlichen hundertjährigen Stieleichen, an

Der Plöner See ist der größte See Schleswig-Holsteins. Man kann ihn in einer schönen Tages-Radtour umrunden.

denen wir entlangradeln, sind typisch für solche alten Gutsanlagen. Die meist grün bedachten Biogasanlagen, die hier – wie an vielen anderen Stellen des Landes – stehen und zur Energiegewinnung Pflanzenmaterial, besonders Mais, verarbeiten, weisen hingegen auf ein recht neues Element der menschlichen Landschaftsprägung in Schleswig-Holstein hin.

In Nehmten biegen wir rechts in den Wald Richtung Godau. Infotafeln weisen auf das Naturschutzgebiet „Inseln im Großen Plöner See und Halbinsel Störland" hin. Viele Wasservögel, wie Graugänse, Kormorane, Haubentaucher, Rohrweihe und – mit etwas Glück – auch Seeadler lassen sich hier und an anderen Stellen des Plöner Sees beobachten.

In der Nähe von Sepel liegt links der Strecke das Naturschutzgebiet „Störland" mit den von Galloways beweideten sogenannten Wilden Weiden. Hier kann man eine Anhöhe ersteigen, von der aus man einen herrlichen Blick auf den Plöner See hat. In Dersau halten wir uns rechts und durchradeln den Ort, wo es einige Einkehrmöglichkeiten (z. B. das „Cafe im Grünen" (Tel. 0175/7340173, www.cafe-dersau.de), eine Touristinformation und einen Anleger der Großen Plöner See-Rundfahrt gibt.

Bald erreichen wir die B 430, an der wir nun ein Stück wenig malerisch und mit einigem Verkehr auf dem Radweg entlangradeln müssen. Rechts geht es zum am See gelegenen Gut und Herrenhaus, einen schlichten klassizistischen Bau, der heute von einem christlichen Jugendhof genutzt wird.

Im Ort Ascheberg, den wir durchradeln, gibt es neben einem Bahnhof, Läden und Einkehrmöglichkeiten auch einen Anleger der Großen Plöner See-Rundfahrt. Zweimal überqueren wir die Schienen der Bahnlinie und passieren die evangelische Jugend-, Freizeit- und Bildungsstätte Koppelsberg. Vorbei am Abzweig zur Jugendherberge und zur Segelschule überqueren wir die Schwentine, die hier von dem Großen in den Kleinen Plöner See fließt und ihren Weg in Richtung Ostsee fortsetzt, und biegen kurz vor den Schienen über einen Parkplatz wieder durch den Wald in Richtung Seeufer. Zahl-

Die Anfänge vom Gut Nehmten reichen bis ins 13. Jahrhundert zurück.

reiche Infokästen geben Hinweise zu den Lebensräumen und ihren Tieren und Pflanzen in diesem Gebiet und zum Naturschutz.

Ein Abstecher auf die Prinzeninsel, eine ca. zwei Kilometer lange, in den Plöner See ragende Halbinsel, führt zu dem bekannten Restaurant „Niedersächsisches Bauernhaus" (Tel. 04522/508700, www.prinzeninsel.de) in einem Gebäude aus dem 17. Jahrhundert und zu einem kleinen Strandbad am Plöner See, dem Prinzenbad.

Die Tour geht weiter direkt am See, etwas unterhalb der Bahnlinie mit Blick auf das 1633–1636 im Stil der Spätrenaissance errichtete Plöner Schloss, das heute als gemeinnützige Bildungsstätte zur Aus- und Fortbildung von Augenoptikern genutzt wird.

Mehrere Stationen des Plöner Planetenlehrpfades erklären

Die zwei Kilometer lange und zum Teil 30 Meter breite Prinzeninsel lohnt einen Abstecher.

hier am Seeufer unser Sonnensystem und die einzelnen Planeten. Unter der Bahnlinie hindurch gibt es verschiedene Abzweigungen in die Stadt, zum Beispiel zum Naturpark-Haus, das sich im Uhrenhaus, der ehemaligen Reithalle von 1746 für die Pferdedressur am herzoglichen Hof, befindet. Das 1998 eingerichtete Infozentrum des Naturparks „Holsteinische Schweiz" informiert in einer 120 Quadratmeter großen interaktiven Ausstellung über die Lebensräume, die Ökologie und die Tier- und Pflanzenwelt der Region und hält zahlreiche umweltpädagogische Angebote bereit. Werfen Sie auch einen Blick in die Altstadt mit dem Rathaus, der Nicolaikirche und dem Kreismuseum, das in einem der ältesten Gebäude der Stadt, der ursprünglich 1540 als Adelshaus errichteten Alten Apotheke, Ausstellungen zur Geschichte des Kreises zeigt. Für einen schönen Ausblick auf die Stadt und den See bietet sich der etwas abseits der Innenstadt gelegene Parnassturm an.

Entlang des Sees erreichen wir alsbald wieder den Bahnhof und wenig später, bis auf eine kleine Unterbrechung immer am See-ufer entlang, wieder den Anleger Fegetasche, wo Sie wohlverdient nach absolvierter Tour in dem gleichnamigen Cafe auf der an-deren Straßenseite, am Anleger der 5-Seen-Fahrt, einkehren und deftige Kleinigkeiten sowie Kaf-fee und Kuchen genießen kön-nen (Adresse siehe Tour-Beginn).

Information

Tourist Info Großer Plöner See
Bahnhofstraße 5 (im Bahnhof)
24306 Plön
Tel. 04522/50950
www.holsteinischeschweiz.de

**Ausstellungen/Museen/
Sehenswürdigkeiten/Ausflüge**

Das Naturpark-Haus
Uhrenhaus
Schlossgebiet 9
24306 Plön
Tel. 04522/749380
www.naturpark-holsteinische-schweiz.de

Planetenlehrpfad
www.holsteinischeschweiz.de/planeten-pfad-4

Kreismuseum
Johannisstraße 1, 24306 Plön
Tel. 04522/744391
www.kreismuseum-ploen.de

Große Plöner See-Rundfahrt (keine Fahr-radbeförderung)
Bosau-Fahrt (Fahrradbeförderung möglich)
Plöner Motorschifffahrt GmbH
Fegetasche-Strandweg, 24306 Plön
Tel. 04522/6766
www.grosseploenersee-rundfahrt.de

An den Ufern von Kellersee und Großem Eutiner See

Bad Malente – Eutin – Fissau – Sielbeck – Bad Malente
Streckenlänge: ca. 27 km; Dauer: ca. 3 Stunden
Abstecher Ukleisee: insgesamt ca. 5 km
Bahnhöfe in Bad Malente-Gremsmühlen und Eutin

Die Tour bietet dem Radfahrer neben dem Waldbereich des Dodauer Forstes vor allem schöne Strecken entlang der Seeufer bei Malente und Eutin. Für die Besichtigung der beiden Städte Bad Malente und Eutin mit ihren Sehenswürdigkeiten sollte man auch einige Zeit einplanen. Startpunkt ist der Bahnhof in Bad Malente; Parkmöglichkeiten gibt es hier und im Ort, günstig gelegen ist der Parkplatz am Anleger Janusallee der Kellersee-Fahrt, den wir später auf der Tour passieren. Gegenüber vom Bahnhof liegt die Touristinformation, von der aus wir die Bahnschie-

Die alte Wassermühle „Gremsmühle" hat dem Ortsteil von Bad Malente-Gremsmühlen seinen Namen gegeben.

nen an den Schranken überqueren und rechter Hand den Dieksee mit seiner Promenade passieren. Hier liegt der Anleger der 5-Seen-Fahrt, die leider keine Fahrräder transportiert. Aber eine Bootstour nach Plön in Verbindung mit einer Wanderung entlang von Dieksee, Langsee, Behlersee, Höftsee und Edebergsee ist zu empfehlen.
Wir überqueren die Schwentine und biegen an der Wassermühle links Richtung Eutin ab. Kurz darauf geht es rechts auf den Wanderweg in den Wald, den wir schon nehmen können (wir haben aber eine heftige Steigung auf sandigem Waldweg zu bewältigen). Besser ist es, noch einige Hundert Meter weiter zu fahren, am Waldrand rechts einzubiegen und auf dem Bergenweg auf dem befestigten Schotterweg durch den Wald bis zu einer größeren Kreuzung zu fahren, an der wir uns links Richtung Eutin halten. Nach rechts ist ein Abstecher zur Bräutigamseiche (2,4 km eine

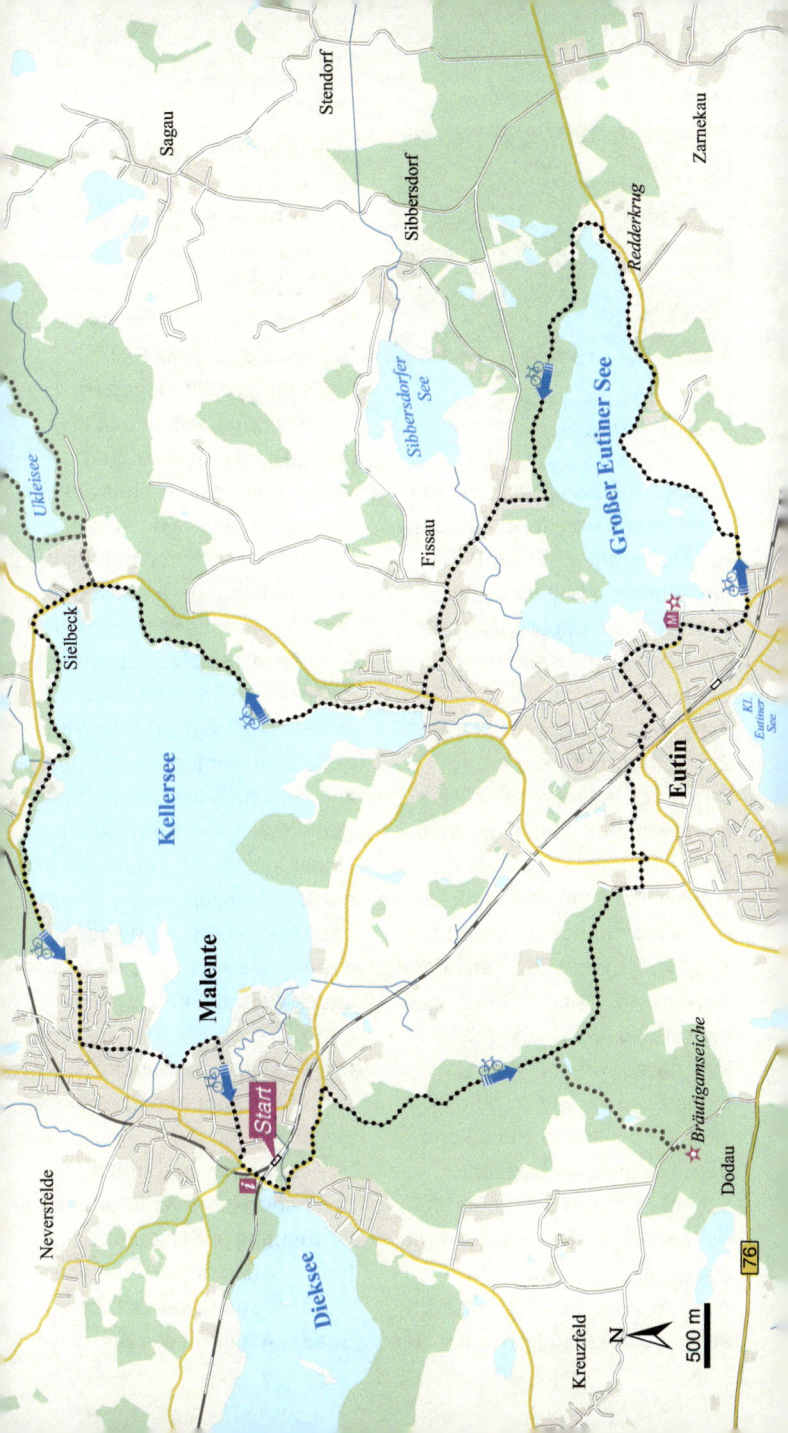

Kleinod am Wegesrand: imposante Ausbildungen der Baumwurzeln.

Strecke) möglich. Die Eiche soll dereinst von einem Königssohn aus Dankbarkeit für die Befreiung durch ein beherztes Mädchen gepflanzt worden sein. In einer Höhle des Baumes werden Briefe von Heiratswilligen eingelegt, was auch schon zu einigen Ehen geführt haben soll.

Durch den Wald kommen wir auf einen Parkplatz mit einer Waldstation, wo man sich über die Lebewelt des Waldes, verschiedene Baumrinden, Laubzersetzung und andere Themen informieren kann. An der Straße halten wir uns rechts und fahren kurz darauf wieder links auf einen Schotterweg. In der Ferne ist Eutin mit seiner Kirche und dem Wasserturm bereits zu sehen. Nach der Unterquerung der Landesstraße passieren wir einige Stationen zum Naturerleben, zum Beispiel eine Wasserstation mit Möglichkeiten zum

Matschen und Wassererleben für Kinder.

An der T-Kreuzung geht es rechts weiter, kurz darauf überqueren wir die Bahnlinie an den Schranken und halten uns rechts bis zur Brücke, wo wir links Richtung Stadt fahren. Wir biegen rechts in die Ahornstraße und dann links in die Holstenstraße und lassen uns bis zum Kreisverkehr, von wo wir bereits den Großen Eutiner See sehen, hinabrollen. Von hier können wir entweder am Wasser entlang oder rechts über den Voßplatz zum Schloss gelangen. In Eutin gibt es zahlreiche Einkehrmöglichkeiten, und neben der vierflügeligen Schlossanlage, dem Schlossgarten und der Altstadt sind auch die Michaeliskirche von 1200, das Ostholstein-Museum, das Geburtshaus Carl Maria von Webers und der Alte Wasserturm eine Besichtigung wert. Bekannt sind die Eutiner Festspiele, deren Aufführungen direkt am Seeufer auf einer Freilichtbühne im Schlossgarten stattfinden.

Vom Schloss aus umfahren wir den Schlossgarten außerhalb der Einzäunung entlang dem Jungfernstieg und am Kreisverkehr weiter auf der Oldenburger Straße. Am Ende des Schlossgartens geht es runter an den See (links in den Jungfernort einbiegen, dann rechts halten), auf dessen beschaulichem Uferweg – mit schönen alten Baumbeständen und entlang von Feldern und Schilfgürteln – wir bis Redderkrug radeln.

Von Redderkrug kann man sich geradeaus halten und über Sibbersdorf nördlich des Sibbersdorfer Sees nach Fissau radeln; wir aber bleiben auf dem Waldweg entlang des Nordufers am Eutiner See, bis der Weg „Seeschaarwald" rechts in eine Siedlung abbiegt. Über diesen Weg gelangen wir an eine Asphaltstraße, über die wir links nach Fissau radeln, wo es am Ende des Ortes rechts in den Weg „Mörken" hineingeht. Nach Überquerung der größeren Straße geht es zum Kellersee hinab, wo wir uns direkt auf den seenahen Uferweg begeben und nun gegen den Uhrzeigersinn den See in Richtung Malente umfahren. Der Weg führt, mit kleinen Bänken und Sitzgelegenheiten bestückt, unter alten Buchen beschaulich am Seeufer entlang bis zum Fähranleger Sielbeck-Uklei der Kellersee-Fahrt. Gegenüber dem Fährhaus geht ein lohnender Abstecher (ca. 5 km) an den Ukleisee, den man am bes-

Das Eutiner Schloss wurde einst als Landsitz der Fürstbischöfe von Lübeck errichtet.

ten wandernd umrundet. Von dem kleinen, auf einer Anhöhe gelegenen Jagdschloss hat man einen schönen Blick über den idyllisch in die stille Waldlandschaft eingebetteten See.

Nach dem Abstecher geht es am seenahen Uferweg des Kellersees weiter, der an einigen Stellen recht schmal ist, sodass hier, wie auch auf anderen engen Wegen, in besonderer Weise die Rücksicht auf Fußgänger und andere Radler gilt. An einer Stelle geht es sehr steil bergauf, was Mountainbiker begeistern, aber die meisten anderen zum Schieben veranlassen wird. Besonders bei der Fahrt in entgegengesetzter Richtung sind an dieser Stelle besondere Vorsicht und Absteigen angesagt.

Unser Seeweg führt kurz vor Malente auf den Radweg entlang der L 174. Am Ortseingangsschild Malente und dem restau-

Der Kellersee in der Holsteinischen Schweiz ist 560 Hektar groß und wird von der Schwentine durchflossen, die später bei Kiel in die Ostsee mündet.

rierten Hünengrab aus der Jungsteinzeit vorbei biegen wir nach links in den Harriesredder, der in die Kellerseepromenade mündet (Radweg rechts, Fußgänger links). Die Promenade führt uns zum Parkplatz an dem Anleger Janusallee. Hier liegt rechter Hand, an dem überdimensionalen Seeadlerkopf erkennbar, die „Wunderwelt Wasser Malenter Au", ein Naturerlebnisraum mit zahlreichen Modellen der Nieklitzer Ökologie- und Ökotechnologie-Stiftung (NICOL) zur Flora und Fauna des Gebietes, zur Biodiver-

sität und zur Bionik. Auf Bohlenwegen kann man sich die Au-Niederung erwandern und die nahe am Weg stehenden Modelle besichtigen. Ein kleines Stück weiter auf dem Uferweg (zahlreiche Infotafeln zur Naturkunde am Seeufer) kann man am nächsten Anleger im Restaurant „Malenter Fährhaus" (Tel. 04523/6487 und 04523/ 8803739, www.sylter-eck.de) einkehren. Ansonsten geht es über die Janusallee bergauf in die Bahnhofstraße, die uns durch die Stadt und am Kurpark Malente vorbei

Der Seeadlerkopf weist auf den Eingang zum Naturerlebnisraum „Wunderwelt Wasser Malenter Au" hin.

wieder zum Bahnhof führt. Wenn noch Zeit ist, kann man neben dem Kurpark auch das Heimatmuseum in der Tews-Kate, den 24 Meter hohen Aussichtsturm (Holzbergturm) bei Neversfelde, den Findlingspark bei Kreuzfeld oder das Wildgehege und Arboretum in Malente und Umgebung besichtigen. Für Pferdefreunde dürfte das Immenhof-Museum von besonderem Interesse sein.

Information

Tourist Information Malente
Bahnhofstraße 3, 23714 Malente,
Tel. 04523/9842730 u. 04523/9590120
www.malente-tourismus.de

Tourist-Info Eutin
Markt 19, 23701 Eutin
Tel. 04521/7097-0
www.vg-eutin-suesel.de

Ausstellungen/Museen/ Sehenswürdigkeiten/Ausflüge

5-Seen-Fahrt
Kellersee-Fahrt GmbH
Bahnhofstraße 5, 23714 Bad Malente-Gremsmühlen
Tel. 04523/2201
www.5-seen-fahrt.de

Eutiner Seerundfahrt
Frick
Parkweg 12, 23701 Eutin
Tel. 04521/3344
www.eutiner-seerundfahrt.de

Schloss Eutin
Schlossplatz 5, 23701 Eutin
Tel. 04521/70950
www.schloss-eutin.de

Ostholstein-Museum Eutin
Schlossplatz 1, 23701 Eutin
Tel. 04521/788520
www.museum.kreis-oh.de
www.oh-museum.de

Immenhof-Museum
Rothensande 1
23714 Bad Malente-Gremsmühlen
Tel. 0151/10212951
www.immenhofmuseum.de

Ratzeburger See und Grenzbereich zu Mecklenburg

Ratzeburg – Buchholz – Rothenhusen – Utecht – Thandorf – Schlagsdorf – Salemer Moor – Ratzeburg
Streckenlänge: ca. 38 km; Dauer: ca. 4 Stunden
Bahnhof in Ratzeburg, Schiffsanleger in Ratzeburg und am Nordufer des Sees in Rothenhusen

Ratzeburg liegt mit seinem hoch aufragenden Dom idyllisch auf einer Insel, umgeben von vier Seen, deren größter der Ratzeburger See ist. Dieser lässt sich auf schönen Rad- und Wanderwegen ganz umrunden. Wir verbinden die Fahrt um einen Teil des Sees von Ratzeburg bis zum Nordufer mit einem Blick über die ehemalige deutsch-deutsche Grenze und einer Rückfahrt durch waldumgebene Seen- und Moorlandschaften eines Naturschutzgebiets.

Start ist die Schlosswiese mit einigen Parkmöglichkeiten, wo sich in der Nähe der Anleger der Schifffahrt Ratzeburger See und eine Badestelle befinden. Im Sommer findet jedes Jahr eine Woche lang das „Racesburg Wylag" hier am See statt, ein mittelalterliches Spektakel mit vielen Veranstaltungen und Handwerksdarbietungen für Jung und Alt. Vom Ratzeburger Bahnhof erreichen wir die Schlosswiese nach

1,5 Kilometern, wenn wir bergab in Richtung See und Stadtzentrum fahren. Von der Schlosswiese verläuft der Radweg etwas oberhalb des Sees, aber es lohnt sich, direkt am See zu bleiben und das Rad ein Stück auf dem Wanderweg für Fußgänger zu schieben, denn hier geht es mitten durch einen beeindruckenden Bestand des Riesenschachtelhalms, ein Farngewächs, das bis zu 1,2 Meter Höhe erreichen kann. Wir kommen dann nach einer Steigung wieder auf den Radweg und fahren rechts Richtung Einhaus, wo wir auf dem etwas oberhalb des Sees entlangführenden Weg einige Steigungen zu bewältigen haben. In Einhaus ist ein Abstecher zum Ansverus-Kreuz möglich, ein etwa 2,8 Meter hohes steinernes Radkreuz, das im 15. Jahrhundert errichtet wurde und an den Abt Ansverus erinnert, der im Jahr 1066 zusammen mit 18 seiner Klosterbrüder bei Einhaus

Beim historischen Fährhaus Rothenhusen (im Hintergrund) ist das Nordufer des Ratzeburger Sees erreicht.

gesteinigt wurde und für seinen Glauben starb.

Oberhalb des Sees fahren wir mit Blick auf den Erlenbruchwald, in dem neben Erlen auch Eschen, Bergahorn, Seggen und wieder Riesenschachtelhalme zu finden sind; zum See hin folgt dann meist ein kleiner Schilfgürtel. Vorbei am Schiffsanleger Buchholz und einigen kleineren Badestellen nähern wir uns über Groß Sarau bald dem nördlichsten Punkt des Sees. Kurz vorher ist wegen des regen Fußgängerverkehrs entlang der Anleger der Segelvereine direkt am See Schieben angesagt, oder man fährt etwas oberhalb des Sees bis Rothenhusen, wo man sich im Restaurant „Fährhaus Rothenhusen" (Tel. 04509/8059, www.faehrhaus-rothenhusen.de) stärken kann. Hier legen neben den Booten der Schiffahrt Ratzeburger See (Fahrradmitnahme ist möglich) auch die Boote an, die auf dem Fluss Wakenitz bis nach Lübeck hinein fahren.

Vom Fährhaus geht es rechts auf die Straßenbrücke über die Wakenitz (links Tour nach Lübeck,

Kurz vor Thandorf kann man nochmals einen Blick auf den Ratzeburger See und die umgebende Landschaft werfen.

11 km Entfernung, möglich). Über den Radweg verlassen wir die Straße und biegen rechts nach Utecht rein. An der Kreuzung geht es geradeaus für diejenigen, die nur den Ratzeburger See umrunden wollen (von hier über Bäk ca. 9 km bis Ratzeburg). Wir fahren weiter Richtung Thandorf und haben bis dorthin einiges an Steigung zu bewältigen. Immerhin gibt es zwischendurch auf einer kleinen Aussichtsplattform die Möglichkeit, den Ausblick auf den Ratzeburger See und etwas abseits sogar bis nach Lübeck mit seinen Türmen in der Ferne zu genießen. Auf der von Linden gesäumten Straße (ohne Radweg) erreichen wir Thandorf (kleiner Baumlehrpfad im Ort), das wir durchradeln. Bald erreichen wir Schlagsdorf, wo es kurz vor dem Ortsende in Richtung Schlagbrügge rechts zum „Grenzhus" mit dem „Café Grenzstein" (Tel. 038875/226655, www.cafe-grenzstein.de) abgeht. Die Ausstellung des „Grenzhus" informiert über das Leben in der früheren Grenzregion zwischen DDR und Bundesrepublik. Besonders

Außengelände des „Grenzhus" mit Einrichtungen der früheren DDR-Grenzanlagen.

Am Ufer des Ratzeburger Sees wächst der seltene Riesenschachtelhalm.

interessant ist das zum Museum gehörige, am Ortsrand gelegene Außengelände mit Wachturm, Minenfeld, Zaunkonstruktionen und Mauerabschnitten, die zu DDR-Zeiten Teil einer fast unüberwindlichen, tödlichen Grenze durch ganz Deutschland waren.

Nach dem ebenso interessanten wie bedrückenden Rückblick in die jüngere deutsche Geschichte geht es weiter nach Schlagbrügge, wo wir uns rechts halten und am rechter Hand gelegenen Mechower See entlang Wietingsbek erreichen. Dort geht es links auf einen Plattenweg, der uns an einer Schutzhütte mit schönem Blick auf das Naturschutzgebiet „Lankower See" vorbeiführt. Wir halten uns dann an der T-Kreuzung links und kurz darauf rechts und erreichen bei Sande die B 208, die wir geradeaus überqueren. Am ehemaligen Forsthaus vorbei gelangen wir bald an

den Wald, der Teil des Naturschutzgebiets „Salemer Moor, Schwarze Kuhle, Plötschersee, Garrensee und Ruschensee" ist. Es lohnt sich hier, das Fahrrad abzustellen und ein paar Schritte durch das Schutzgebiet, zum Beispiel um den Garrensee oder den Plötschersee, zu machen. Die Wasserlobelie, das Farngewächs Brachsenkraut, der Strandling, der Wasserschlauch oder die Sumpf-Calla sind nur einige der spezialisierten Pflanzenarten, die man hier mit etwas Glück finden kann. Wieder im Sattel halten wir uns im Wald rechts, fahren den ausgewiesenen Radweg entlang, von dem mehrere Wanderwege abzweigen, und kommen an einem Wander-Parkplatz am Dorotheenhofer Weg aus dem Wald. Hier geht es links nach Salem (kleine Badestelle); wir fahren rechts weiter nach Ratzeburg, am unzugänglichen Salemer Moor und dem Ruschensee vorbei auf der von alten Linden und zum Teil auch Rotbuchen gesäumten Straße. In Ratzeburg kommen wir auf dem Salemer Weg an die Hauptstraße, die nach rechts ins Stadtzentrum führt. Wir biegen auch rechts ab, aber gleich wieder links und kommen über Danziger Straße, Eichenweg und links über die Brücke rechts auf dem Waldesruher Weg zum Küchensee hinunter. Dort geht es über den Kleinbahndamm, der rechts den Stadtsee und links den Küchensee trennt, entlang des Küchensee-Ufers direkt zur Schlosswiese mit Parkplatz, Bootsanleger und Badestelle und diversen Einkehrmöglichkeiten. Von hier sind es bergauf über die Bahnhofsallee etwa 1,5 Kilometer bis zum Ratzeburger Bahnhof. Wer noch Zeit hat, sollte sich aber Ratzeburg ansehen, das neben seinem imposanten Dom auch einige Museen zur Besichtigung bereithält: das Ernst Barlach Museum, das A. Paul Weber-Museum und das Kreismuseum (Heimatmuseum).

Information

Tourist-Information Ratzeburg
Rathaus
Unter den Linden 1, 23909 Ratzeburg
Tel. 04541/8000-886
www.herzogtum-lauenburg.de/ratzeburg-inselstadt

Schiffahrt Ratzeburger See
Schlosswiese 6, 23909 Ratzeburg
Tel. 04541/7900
www.schifffahrt-ratzeburg.de

Wakenitz-Schifffahrt Quandt oHG
Wakenitzufer 1c, 23564 Lübeck
Tel. 0451/793885
www.wakenitz-schiffahrt-quandt.de

Ausstellungen/Museen/Sehenswürdigkeiten

Ernst Barlach Museum
Barlachstraße 3, 23903 Ratzeburg
Tel. 04541/3789
www.ernst-barlach.de

A. Paul Weber-Museum
Domhof 5, 23909 Ratzeburg
Tel. 04541/860720
www.weber-museum.de

Kreismuseum (Heimatmuseum)
Herzogtum Lauenburg
Domhof 12, 23909 Ratzeburg
Tel. 04541/86070
www.herzogtumlauenburgmuseum.de

Grenzhus
Neubauernweg 1, 19217 Schlagsdorf
Tel. 038875/20326
www.grenzhus.de

Auf den Spuren alter Handelswege – Tour am Elbe-Lübeck-Kanal

Lübeck – Berkenthin – Mölln – Güster – Büchen – Lauenburg
Streckenlänge: ca. 70 km; Dauer: ca. 7 Stunden
Bahnhöfe in Lübeck, Mölln, Büchen und Lauenburg (Teilstrecken und Rückkehr per Bahn von allen Bahnhöfen möglich)

Eine ebenso beschauliche wie ruhige, aber auch mit Sehenswürdigkeiten und verschiedenen Abstecher-Möglichkeiten versehene Radtour entlang des Ostsee und Elbe verbindenden Elbe-Lübeck-Kanals lässt Erholungssuchende, aber auch Natur- und Kulturinteressierte gleichermaßen auf ihre Kosten kommen. Die etwa 70 Kilometer lange Tour entlang des Kanals von Lübeck bis Lauenburg können geübte Radler ohne Weiteres an einem Tag bewältigen (mit Rückkehr per Bahn). Wer aber die Sehenswürdigkeiten, die Städte und den Naturpark „Lauenburgische Seen" erkunden möchte, sollte sich ruhig etwas länger Zeit nehmen. Teilstrecken sind problemlos möglich, weil es auch in Mölln und Büchen Bahnstationen gibt, von denen aus die Rückkehr nach Lübeck möglich ist.

Im Lübecker Bahnhof angekommen sieht man auf dem Vorplatz bereits die ersten Schilder, die auf die Radwanderstrecken „Alte Salzstraße" und „Elbe-Lübeck-Kanal" hinweisen. Der Weg führt über den Kreisverkehr des Lindenplatzes und über die Puppenbrücke direkt auf das Holstentor zu (Besichtigung der Altstadt Lübecks geradeaus möglich). Kurz vor dem Tor geht es rechts in die Possehlstraße, von der man kurz vor der Possehlbrücke scharf rechts abbiegend zur Lachswehrbrücke kommt. Dort beginnt die Radwanderstrecke zunächst entlang des Travekanals. An Gärten vorbei verlassen wir langsam Lübecker Stadtgebiet. Kurz nach der Einmündung der Trave beginnt der Elbe-Lübeck-Kanal, deutlich sichtbar an der Tafel mit der Kanal-Kilometer-Angabe „0". In Lauenburg, wo es bei der dortigen Schleuse in die Elbe geht, endet der Kanal mit Kilometer 59,91. Durch die Kilometrierung des Kanals kann der Radwanderer auf den Tafeln zwischendurch auch immer wieder sehen, wie weit er schon ist. Der Radweg ist zwar nicht asphaltiert, aber

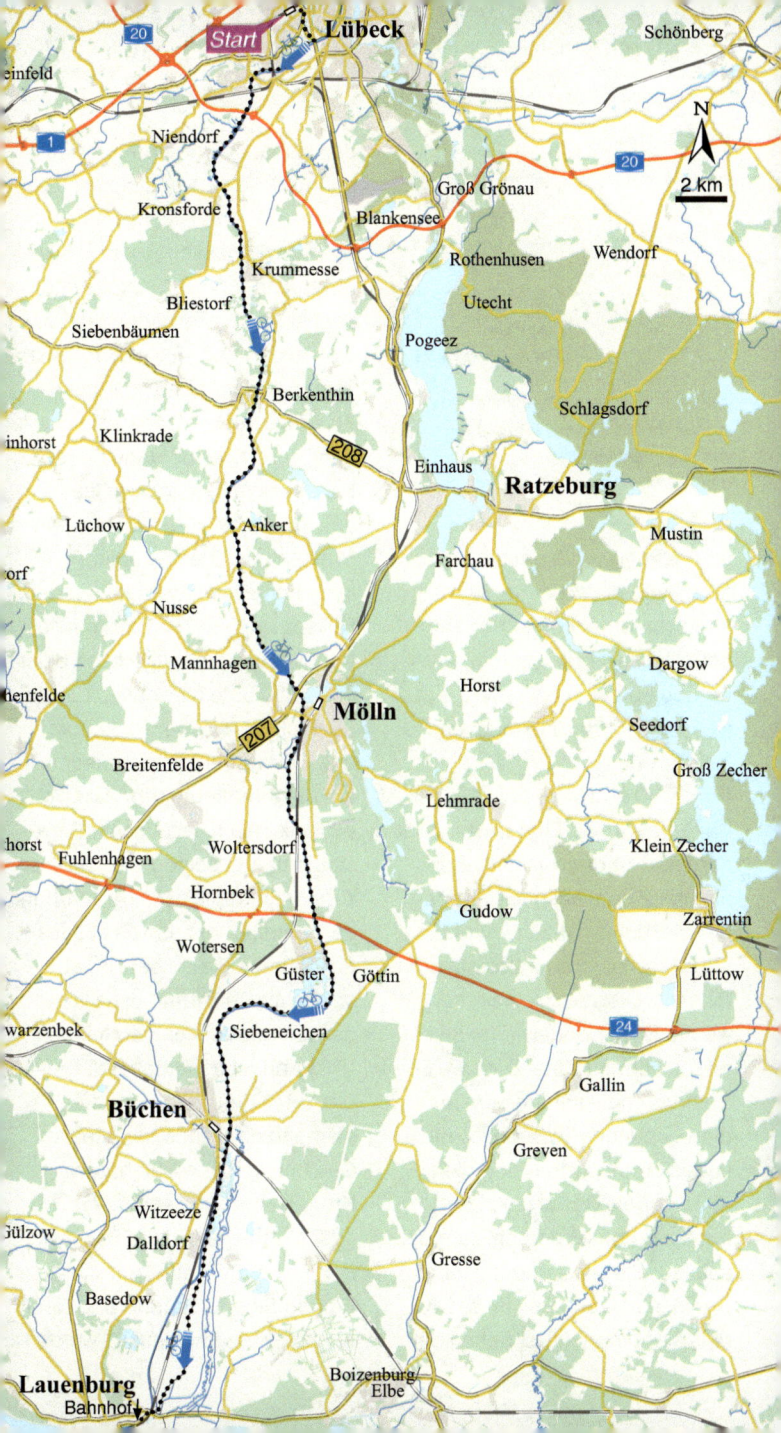

Der Elbe-Lübeck-Kanal verbindet die Elbe mit der Ostsee und bietet Radfahrern auf den begleitenden Wegen eine sehr schöne, verkehrsarme Radtourenstrecke.

durchgängig gut befestigt, und man kann die gesamte Strecke ohne von direktem Autoverkehr behelligt zu werden zurücklegen. Da auch Steigungen fehen, eignet sich die Tour für ungeübte und kleinere Kinder.

Der 1900 eröffnete Elbe-Lübeck-Kanal (bis 1936 Elbe-Trave-Kanal genannt) ist der Nachfolger des historischen Stecknitz-Delvenau-Kanals, der im Mittelalter als sogenannte nasse Salzstraße den Transport von Salz, einem der wertvollsten Handelsgüter im Mittelalter, ermöglichte. Das „weiße Gold" wurde von Lüneburg auf dem Land- und Wasserweg nach Lübeck transportiert und diente nicht nur als Gewürz, sondern auch zur Konservierung, zum Beispiel für die Ostseeheringe. Bei Genin, kurz nach Beginn des Kanals sieht man direkt neben der

den Kanal überquerenden Eisenbahnbrücke eine aus Ziegelsteinen gemauerte Brücke des alten Stecknitzkanals mit einem mittleren Bogen für die Stecknitz und zwei kleineren Toröffnungen für die Treidelwege, denn in früheren Zeiten, vor der Motorisierung des Schiffsverkehrs, wurden die Schiffe dort, wo der Einsatz von Segeln nicht möglich war, getreidelt, das heißt vom Ufer aus von Mensch oder Tier gezogen.

In Krummesse gibt es neben der Fortsetzung der Tour entlang des Kanals auch die Möglichkeit einer Alternativroute (oder auch für die Rückfahrt), die über Ratzeburg und Gudow bei Büchen wieder auf die Kanalroute trifft. Die Dorfkirche ist ein frühgotischer Backsteinbau, der seinen viereckigen Turm nachträglich im 14. Jahrhundert erhalten hat. Etwas abseits der Tourstrecke an der Hauptstraße im Ort Krummesse liegt das Landhotel Klempau mit dem „Ristorante Leonardo" (Tel. 04508/7774820, www.hotel-klempau.de), eines der ältesten Gasthäuser Deutschlands, mit Kruggerechtigkeit seit 1577.

In den Schleusen, zum Beispiel denen von Büssau, Krummesse, Berkenthin, Behlendorf und Neulankau (Donnerschleuse), werden neben kleineren Frachtschiffen bis 1000 Tonnen Abladung vor allem Sportboote durchgeschleust. Die zahlreichen Schwarzpappeln, die noch bis vor wenigen Jahren den Kanalradweg an vielen Stellen alleeartig säumten, sind zum größten Teil gefällt worden – aus Gründen der Verkehrssicherheit. Brüchige, herunterfallende Äste gefährdeten die Radler und Wanderer. Die Wiederbepflanzung erfolgte mit regionstypischen und windsichereren Eschen und Erlen. Im Ort Berkenthin passieren wir eine neue Kanalbrücke, die als Modellversuch durch Erdwärme frostfrei gehalten wird, um Verkehrsunfälle im Winter durch eine Vereisung der Brücke zu reduzieren. Die Kirche des Ortes direkt am Kanal stammt aus der Mitte des 13. Jahrhunderts. Sie gehörte früher zu den Kirchen der Stecknitzfahrer, wie die Schiffer auf dem Stecknitzkanal, dem Vorläufer des Elbe-Lübeck-Kanals, genannt wurden. Auch ein Abstecher an den Behlendorfer See mit seiner hübschen Badestelle ist möglich. In der Gemeinde Panten, kurz vor Mölln, liegt nahe am Kanal ein archäologisches Denkmal, ein slawischer Ringwall, Steinburg genannt. Die Reste der slawischen Burganlage aus dem 7. bis 9. Jahrhundert stehen seit 1991 unter Denkmalschutz.

Bei Mölln mündet der Kanal in den Ziegelsee, über den hinüber wir einen schönen Blick auf die Eulenspiegelstadt haben. An der nächsten Brücke, nachdem der Kanal den See wieder verlassen hat, können wir zu der Straße hinauffahren und einen Abstecher in die alte Festungsstadt an der Salzstraße machen (auch Bahnhof mit Rückkehrmöglichkeit). Diverse Geschäfte und Restaurants gibt es dort, aber auch verschiedene Sehenswürdigkeiten, wie Altstadt, Rathaus, Eulenspiegeldenkmal und einige Museen, wollen erkundet werden. Im alten Stadthauptmannshof kann man sich über Natur und Kultur der Region informieren. Beispielsweise gibt es einen Kanu-Simulator, mit dem man über einen virtuellen See paddeln kann.

Von Mölln geht es dann ebenso beschaulich entlang des Kanals auf den alten Treidelpfaden weiter über Güster mit seiner Freizeit-Seenlandschaft aus dem Kiesabbau vergangener Zeiten nach Siebeneichen, wo eine kleine Seilzugfähre über den Kanal führt. In Büchen gibt es abermals die Möglichkeit zur Rückkehr

Die Brunnenfigur des Till Eulenspiegel sitzt
am Markt der Eulenspiegelstadt Mölln.

nach Lübeck per Bahn, aber
auch ein Besuch des Ortes lohnt
sich, zum Beispiel zur Priesterkate aus dem Jahr 1649, dem
Kulturzentrum des Ortes mit einer Dauerausstellung zur Büche-
ner Grenz- und Verkehrsge-
schichte oder zu der Marienkirche, die um 1200 erstmals erwähnt wird. Die weitere Fahrt auf
der westlichen Seite des Kanals
führt nach Witzeeze, wo sich ein
Abstecher auf die Ostseite des
Kanals zur Dückerschleuse anbietet, der einzigen erhaltenen
Stauschleuse des alten
Stecknitzkanals.
Ab Dalldorf geht der offizielle
Radweg gut ausgeschildert etwas abseits des Kanals auf östlicher Seite über Lanze nach Lauenburg. Wir biegen rechts auf die
B 5, und nach einer Besichtigung
der ältesten Kammerschleuse
Europas, der Palmschleuse aus
dem Jahr 1398, geht es auf der
Bundesstraße über die Kanalbrücke und dann gleich wieder links
Richtung Lüneburg und zur Elbe
hinunter, wo kurz vorher linker
Hand der Bahnhof von Lauenburg liegt. Die Altstadt der alten
Schifferstadt an der Elbe lohnt
einen Besuch (siehe auch Tour
Lauenburg–Geesthacht, S. 208).
Ebenso empfehlenswert: eine
Fahrt auf der Elbe, zum Beispiel
mit dem historischen Raddampfer „Kaiser Wilhelm", oder ein
Besuch der Museen, wie das Elb-
schiffahrtsmuseum oder die Lauenburger Mühle, eine Galerie-
holländermühle von 1871/73,
die auch ein Hotel und Restaurant beherbergt (Tel. 04153/
5890, www.hotel-lauenburger-
muehle.de).
Von Lauenburg geht es entweder
zurück per Bahn oder auf dem
Radweg „Alte Salzstraße" weiter
nach Lüneburg (ca. 30 km), von
wo eine Rückkehr per Bahn nach
Lübeck ebenfalls problemlos
möglich ist.

Information

Herzogtum Lauenburg Marketing
und Service GmbH
Hauptstraße 150, 23879 Mölln
Tel. 04542/856860
www.herzogtum-lauenburg.de

Touristinformation Mölln
Am Markt 12, 23879 Mölln
Tel. 04542/976510
www.moelln-tourismus.de

Amt Büchen
Amtsplatz 1, 21514 Büchen
Tel. 04155/80090, www.amt-buechen.eu

Touristinformation Lauenburg/Elbe
Elbstraße 59, 21481 Lauenburg/Elbe
Tel. 04153/5909220
www.herzogtum-lauenburg.de

**Ausstellungen/Museen/
Sehenswürdigkeiten**

Möllner Museum
Historisches Rathaus
Am Markt 12, 23879 Mölln
Tel. 04542/9765140
www.moellner-museum.de

Eulenspiegelmuseum
Am Markt 2, 23879 Mölln
Tel. 04542/9765140
www.moelln-tourismus.de

Priesterkate Büchen
Gudower Straße 1, 21514 Büchen-Dorf
Tel. 04155/6114
www.buechen.de

Elbschifffahrtsmuseum Lauenburg
Elbstraße 59, 21481 Lauenburg/Elbe
Tel. 04153/5909219
www.herzogtum-lauenburg.de/a-elbschiff-
fahrtsmuseum

Lauenburger Mühle, Mühlenmuseum
Bergstraße 17, 21481 Lauenburg/Elbe
Tel. 04153/5890
www.herzogtum-lauenburg.de/a-muehlen-
museum-1

Einmal von der Nordsee bis zur Ostsee – Tour am Nord-Ostsee-Kanal entlang

Brunsbüttel – Rendsburg – Kiel
Streckenlänge: ca. 113 km; Dauer: etwa 11 Stunden
Bahnhöfe in Kiel und Rendsburg, um Brunsbüttel per Bahn zu erreichen, siehe Tour
von Brunsbüttel nach Elmshorn, S. 194 (Anfahrt von St. Michaelisdonn)

Der Nord-Ostsee-Kanal (NOK) – in der internationalen Schifffahrt als „Kiel-Canal" bezeichnet – ist die meistbefahrene künstliche Wasserstraße der Welt. Über 40 000 Schiffe durchfahren den Kanal pro Jahr, also mehr als 100 Schiffe pro Tag. Er wurde 1887 bis 1895 von etwa 8900 Arbeitern, die ca. 80 Millionen Kubikmeter Erdreich bewegten, gebaut und trug damals den Namen Kaiser-Wilhelm-Kanal. Da er das Land zerschneidet, wurde damals vom Kaiserreich verfügt, dass alle Fähren über den Kanal kostenlos benutzt werden durften. Diese Regelung besteht noch heute, mittlerweile garantieren 14 Fähren, zehn Brücken und zwei Tunnel ein einfaches Über- bzw. Unterqueren des Kanals. Da die Radtour vornehmlich auf dem sogenannten Betriebsweg entlang des Kanals verläuft, ist die Tour auch für untrainierte Radler zu empfehlen; es sind kaum Höhenunterschiede zu überwinden. Der Fernradweg des Nord-Ostsee-Kanals weist mit zahlreichen Tourschleifen abseits des Kanals eine Gesamtstrecke von über 300 Kilometern auf. Die hier beschriebene reine Kanalstrecke können ambitionierte Radfahrer durchaus an einem Tag bewältigen, allerdings empfiehlt es sich, die Tour in zwei oder mehr Etappen aufzuteilen, um die Landschaft und die Sehenswürdigkeiten auch angemessen genießen zu können. Weitere Infos zu Quartieren an der NOK-Route, Camping- und Wohnmobilstellplätzen sowie Restaurants, Cafés und Fahrradservice gibt es bei den Touristinformationen entlang der Strecke. Besonders interessant ist das Beobachten der vorbeifahrenden Schiffe, vom Containergiganten bis zum privaten Segelboot wird alles dabei sein. Im Sommer hat man sogar gute Chancen, eines der etwa 100 großen Kreuzfahrtschiffe, die den Kanal alljährlich passieren, bestaunen zu können.

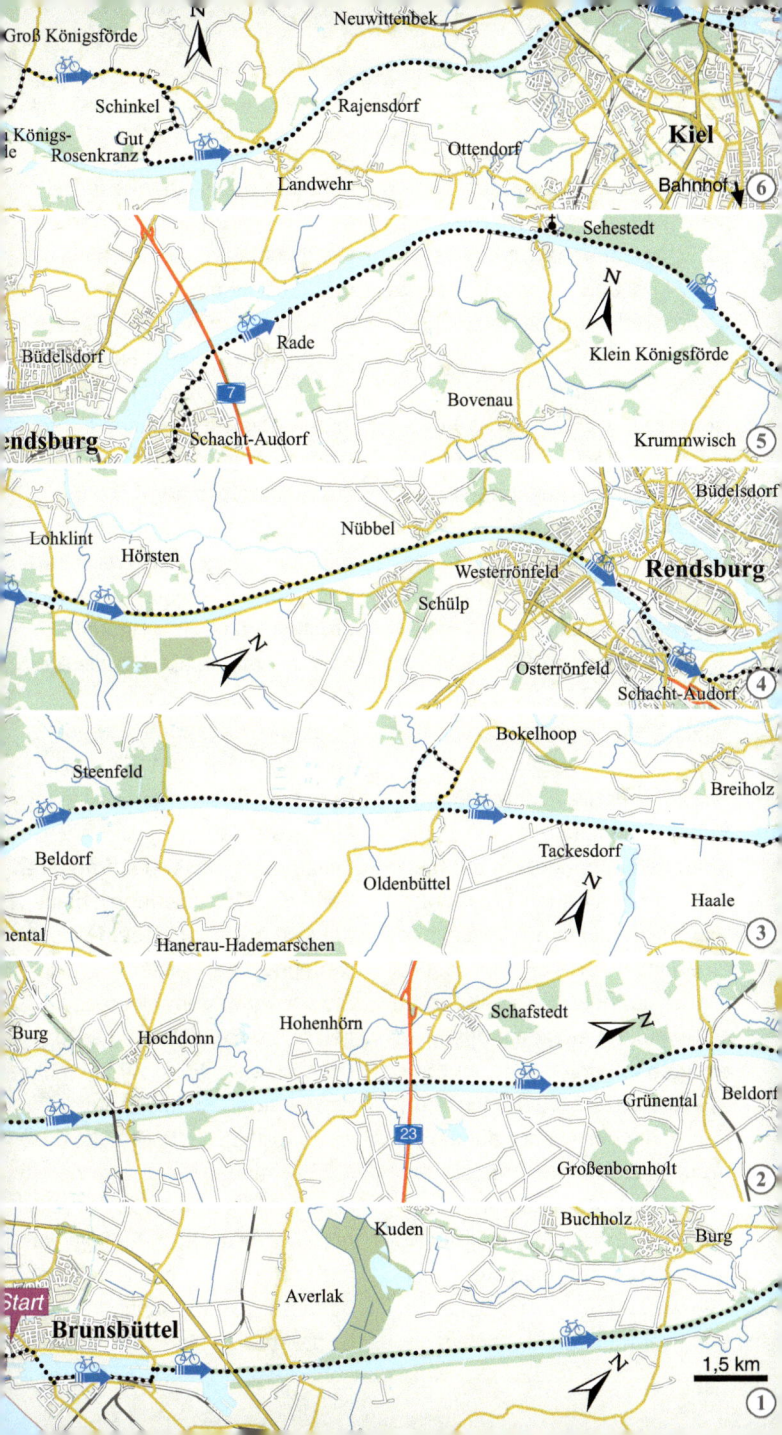

Wir beginnen unsere Tour in der Stadt Brunsbüttel, deren Geschichte bis ins 13. Jahrhundert zurückreicht und wo Nord-Ostsee-Kanal und Mündung der Elbe in die Nordsee nahe beieinander liegen.

Unweit der Schleusen auf der Nordseite des Kanals, wo wir starten, befinden sich ein Parkplatz sowie das sogenannte Atrium, ein Museum über Geschichte und Bedeutung des Kanals. Von hier aus besteht außerdem die Möglichkeit, die beeindruckenden bis zu 310 Meter langen und 42 Meter breiten Schleusenanlagen zu besichtigen.

Wir fahren etwa 250 Meter am Kanal entlang und erreichen die erste Fähre, mit der wir auf die Südseite des Kanals übersetzen. Vom Fähranleger aus muss man einen kleinen Haken fahren, um wieder auf den Weg am Kanal zu gelangen. An einigen Industrieanlagen entlang fahren wir etwa 2,5 Kilometer bis zur nächsten Fähre, die uns wieder auf die nördliche Seite des Kanals bringt, wo wir über den kleinen Parkplatz fahren, um auf den Kanalweg zu kommen. Vorerst werden wir nun auf dieser Seite bleiben, wer will, kann jedoch nach Lust und Laune mit den Fähren die Seite wechseln. Allerdings sollte man eine genaue Karte im Gepäck haben, da man sonst Gefahr läuft, in eine der wenigen Sackgassen des Kanalwegs zu geraten. In so einem Fall muss man unter Umständen einige Kilometer bis zur nächsten Fähre zurückradeln. Wir unterqueren die Hochbrücke der B 5, die 1979–1983 erbaut wurde und mit einer Länge von etwa 2,8 Kilometern die längste aller Kanalbrücken ist. Nach einigen Kilometern entlang des Kanals erreichen wir das direkt am Wasser gelegene Restaurant „Burger Fährhaus" (Tel. 04825/2417, www.burger-faehrhaus.de), wo eine erste Rast möglich ist.

Einige Kilometer von der anderen Seite des Kanals entfernt befindet sich etwa auf dieser Höhe in Neuendorf bei Wilster die (mit 3,54 m unter dem Meeresspiegel) tiefste Landstelle in ganz Deutschland. Wenn wir nach einigen weiteren Kilometern die 1989 fertiggestellte Brücke der A 23 erreichen, haben wir bereits etwa ein Viertel der Kanalstrecke hinter uns gebracht. Es folgt wenig später die kombinierte Eisenbahn- und Straßenhochbrücke Grünental, wo sich oberhalb des

Am Nord-Ostsee-Kanal kann es der Radfahrer mit den großen Pötten der internationalen Seefahrt aufnehmen. Die Chancen stehen gut, da für die Schiffe die maximal erlaubte Geschwindigkeit bei 15 Stundenkilometern liegt.

Kanals ein lohnender Aussichtspunkt befindet. Wenig später erreichen wir den Gieselau-Kanal, welcher den Nord-Ostsee-Kanal mit der Eider verbindet. Um den Gieselau-Kanal zu überqueren, müssen wir ein Stückchen den Sandweg an diesem Kanal entlangfahren, bis wir zu der Gieselau-Schleuse gelangen, die dafür sorgt, dass im Kanal stets ausreichend Wasser vorhanden ist. An der Schleuse überqueren wir den Gieselau-Kanal und gelangen an der nächsten Straße nach rechts

fahrend zurück zum Nord-Ostsee-Kanal. Empfehlenswert ist es, hier mit der Fähre den Kanal zu überqueren, da sich auf der östlichen Seite ein Stückchen weiter das Gebiet der Haaler Au befindet. Dieser Fluss war früher ein Nebenarm der Eider, der im Zuge des Kanalbaus von dieser abgetrennt wurde. Kurz vor der Mündung in den Kanal hat sich ein großer See gebildet, da die eigentlich den Fluss umgebenden Deiche geöffnet wurden, um ein 80 Hektar großes Feuchtgebiet zu schaffen. Wenn man kurz vor der Brücke, die über den in den Kanal mündenden Fluss führt, im rechten Winkel vom Kanal abfährt, hat man nach wenigen Metern einen tollen Blick über dieses für Tiere und Pflanzen wichtige Naturgebiet. Vor allem für ornithologisch Interessierte kann sich der Abstecher lohnen. Seltene Vögel wie Braunkehlchen, Uferschnepfe und Schilfrohrsänger nutzen die Haaler Au oft als Brutgebiet, und selbst der Seeadler lässt sich außerhalb der Brutzeit manchmal hier sehen. Weiter geht es am Kanal entlang, wo wir nach kurzer Fahrt die Siedlung Meckelmoor erreichen, in der sich direkt am Kanal das Hotel „Fauna" mit dem Café „Alte Scheune" (Tel. 04875/902632, www.hotel-fauna.de) befindet. Wer die Tour in zwei Etappen fahren möchte, kann hier direkt am Kanal nächtigen. Etwas später werden sich auch noch in Rendsburg Übernachtungsmöglichkeiten finden. An der nächsten Fähre, der Breiholzfähre, lassen wir uns wieder auf die andere Kanalseite übersetzen, von wo aus wir uns auf den Weg Richtung Rendsburg machen. Immer auf dieser Seite des Kanals bleibend, erblicken wir nach einigen

Kilometern bereits die ersten Häuser neben dem Kanal, und schon bald kann man in der Ferne die Rendsburger Eisenbahnhochbrücke sehen. Hier passieren wir die direkt am Kanalweg gelegene, exakt 501,35 Meter lange und somit vermutlich längste Sitzbank der Welt, die zum Ausruhen und Schiffebeobachten einlädt. Ein Stückchen weiter befindet sich unweit des Kanals das Hotel „Convent-Garten" (Tel. 04331/ 59050, www.conventgarten.de).

Über die Straße „Am Kreishafen" umfahren wir das Hafengebiet und gelangen zur Rendsburger Eisenbahnbrücke, eine fast 18 000 Tonnen schwere Stahlkonstruktion. Unterhalb der Brücke hängt an zwölf Seilen eine der weltweit nur noch acht Schwebefähren, ein Industriedenkmal. Hier befindet sich auch eine Schiffsbegrüßungsanlage, die jedes vorbeifahrende Schiff durch Abspielen der jeweiligen Nationalhymne begrüßt.

Nachdem uns die Schwebefähre (im Moment außer Betrieb) auf die andere Kanalseite gebracht hat, fahren wir schräg links in die Fährstraße, am Ende wieder links und geradeaus über den Kreisverkehr in die Kieler Straße.

Die Schwebefähre (derzeit außer Betrieb) ist an der Rendsburger Hochbrücke aufgehängt und transportiert Fußgänger, Radfahrer und Fahrzeuge über den Nord-Ostsee-Kanal.

Wir überqueren einen weiteren Kreisverkehr und biegen kurz darauf nach links ab in den Moorkatenweg. Nach etwa einem Kilometer geht nach links ein Wander- und Radweg ab, auf dem wir weiterfahren. Wir kommen anschließend wieder auf eine asphaltierte Straße, auf der wir nach rechts weiterfahren; an der nächsten Kreuzung geht es geradeaus wieder auf einen Sandweg, der jedoch ohne Probleme mit dem Fahrrad zu befahren ist. Wir überqueren die Straße „Am Urnenfriedhof" und gelangen wenig später auf die Gorch-Fock-Straße, auf der wir geradeaus bis zum Ende weiterfahren. Hier radeln wir schräg geradeaus weiter in die Straße „Neue Siedlung" und folgen dem Schild Richtung „Fähre Nobiskrug entlang NOK". Am Ende des Weges geht es geradeaus weiter auf dem Sandweg, über den wir wieder den Betriebsweg entlang des Kanals erreichen.

Für etwa zwei Kilometer bis Rade ist der Weg in einem schlechten Zustand, sodass es teilweise sehr holprig werden kann. In manchen Passagen wurde der Weg sogar durch Schotter ersetzt, was das Befahren noch weiter erschwert. In Rade kommen wir an dem direkt am Kanal gelegenen Restaurant „Brauer's Aalkate" (Tel. 04331/91561, www.brauers-aalkate.de) vorbei, wo sich leckere Fischgerichte mit Kanalblick genießen lassen.

In den Holtenauer Schleusen wird das unterschiedliche Wasserstandsniveau von Nord- und Ostsee ausgeglichen.

Nach kurzer Fahrt weiter am Kanal entlang geht ein Weg nach rechts hoch zum „Himbeerhof Steinwehr" (Tel. 04357/241, www.himbeerhof-steinwehr.de), wo sich im Sommer die Gelegenheit bietet, auf den Plantagen selber Himbeeren zu pflücken oder in dem Café hausgemachte Torten zu genießen.

Nach kurzer Fahrt erreichen wir die Fähre Sehestedt, wo wir wieder die Kanalseite wechseln. In dem kleinen Ort befindet sich eine romanische Feldsteinkirche, deren älteste Teile um 1200 errichtet wurden. In Groß Königsförde läuft der Weg am Kanal in eine Sackgasse, was durch ein entsprechendes Schild angezeigt wird. Hier fahren wir deshalb schräg links bergauf und gelangen auf eine Straße, die ein Stückchen parallel zum Kanal verläuft. Nach kurzer Fahrt folgen wir dem Radwegschild nach

links in die Dorfstraße. Bei der nächsten Möglichkeit biegen wir nach rechts ab in die Schinkeler Straße, auf der wir bis Schinkel fahren, wo wir uns rechts halten, um in die Raiffeisenstraße Richtung Rosenkranz zu kommen. Anschließend geht es nach rechts in den Rosenkranzer Weg, auf dem wir nach einigen Hundert Metern das Gut Rosenkranz passieren. Der anschließend unbefestigte Weg verläuft durch ein kleines Wäldchen und führt dann wieder bergab zum Kanal.

Kurz darauf erreichen wir die Fähre Landwehr, mit der wir wieder auf die andere Kanalseite gelangen. Von hier aus sind es nur noch etwas mehr als zehn Kilometer bis zum Ende des Kanals in Kiel. Auf dem weiteren Weg passieren wir noch die neue und alte Levensauer Hochbrücke. Letztere stammt aus dem Jahr

1894 und ist damit die älteste noch erhaltene Brücke über den Nord-Ostsee-Kanal. Kurz vor Kiel folgt noch die Holtenauer Hochbrücke, und wenig später erreichen wir die Schleusen in Kiel. Wer noch ganz bis zum Ende des Kanals fahren möchte, kann mit der Fähre auf die andere Kanalseite übersetzen und gelangt nach etwa einem Kilometer an den Punkt, wo der Kanal in die Kieler Förde mündet. Ansonsten bietet es sich noch an, auf der südlichen Kanalseite etwa 600 Meter weiterzufahren, wo man schließlich zu der (kostenpflichtigen) Aussichtsplattform mit Blick auf die Schleusen kommt. Um zum Kieler Hauptbahnhof zu gelangen, fahren wir von der Fähranlegestelle die Schleusenstraße entlang, anschließend nach links in die Prinz-Heinrich-Straße und wenig später abermals links auf das Hindenburgufer. Mit tollem Blick auf die Förde und das Ostufer radeln wir nun immer direkt am Wasser entlang („Hindenburgufer" und „Kiellinie"), bis wir rechter Hand den Kieler Bahnhof sehen.

Information

Tourist Information Brunsbüttel
Gustav-Meyer-Platz 2
25541 Brunsbüttel
Tel. 04852/391186
www.brunsbuettel.de

Touristische Arbeitsgemeinschaft NOK
Jungfernstieg 2
24768 Rendsburg
Tel. 04331/6963844
www.nok-sh.de

Kiel-Marketing e. V. Geschäftsbereich Tourismus
Andreas-Gayk-Straße 31 b
24103 Kiel
Tel. 0431/679100
www.kiel-marketing.de
www.kiel-sailing-city.de

Ausstellungen/Museen/ Sehenswürdigkeiten

Schleusenbesichtigungen:

Kanalmuseum Atrium
Gustav-Meyer-Platz 2, 25541 Brunsbüttel
Tel. 04852/885213
www.schleuseninfo.de

Wasserstraßen- und Schifffahrtsamt Kiel-Holtenau
Schleuseninsel 2, 24159 Kiel
Tel. 0431/36030
www.wsa-kiel.wsv.de

Radlerquartiere an der NOK-Route:
Tel. 04331/23373
www.nok-route.de
www.bettundbike.de

Bad Segeberg und Wardersee – die 8-Seen-Tour

Bad Segeberg – Groß Rönnau – Blunk – Muggesfelde – Nehms – Göls – Krems II – Warder – Quaal – Bad Segeberg
Streckenlänge: ca. 34 km; Dauer: knapp 4 Stunden
Bahnhof in Bad Segeberg

Beginnend am Bahnhof in Bad Segeberg lädt diese Tour zu einer ausgedehnten Erkundung der umliegenden Seenlandschaft und der südlichen Ausläufer des Naturparks „Holsteinische Schweiz" ein. Badestellen am Wegesrand sind eine Selbstverständlichkeit und die Mitnahme von Badezeug daher schon fast eine Pflicht. Aber es finden sich auch einige ausgezeichnete Einkehrmöglichkeiten und historische Gebäude und Gutsanlagen, die einen zweiten Blick wert sind. Darüber hinaus hat die Kalkbergstadt Bad Segeberg in kultureller Hinsicht einiges zu bieten. Erwähnt seien hier die Marienkirche – eines der bedeutendsten romanischen Bauwerke Norddeutschlands –, die Kunsthalle mit Arbeiten des Holzbildhauers Otto Flath, die Villa Flath mit Wechselausstellungen zeitgenössischer Künstler und das Alt-Segeberger Bürgerhaus aus dem Jahr 1541, welches heute das Heimatmuseum beherbergt.

Das Stadtgebiet Bad Segebergs stellt als einziges Karstgebiet Schleswig-Holsteins (Landschaftsform, die durch Lösungsverwitterung von Kalkstein entstanden ist) eine geologische Besonderheit dar. Prominenteste Zeugen sind der Kleine Segeberger See und das 91 Meter hohe Wahrzeichen der Stadt, der Segeberger Kalkberg. Dort werden in dem angrenzenden Freilichttheater seit 1952 alljährlich die Karl-May-Festspiele aufgeführt. Darüber hinaus finden sich hier die erst 1913 entdeckte größte begehbare Gipshöhle Deutschlands (mit Nordeuropas größtem Fledermausquartier und dem einzigartigen Segeberger Höhlenkäfer) und die Erlebnisausstellung Noctalis – ein Paradies für Fledermausliebhaber. Am Fuße des Kalkbergs liegt das Indian Village mit Ausstellungen zur indianischen Kultur.

Vor oder nach der Tour in das Umland sollte auf jeden Fall noch Zeit eingeplant werden, einige

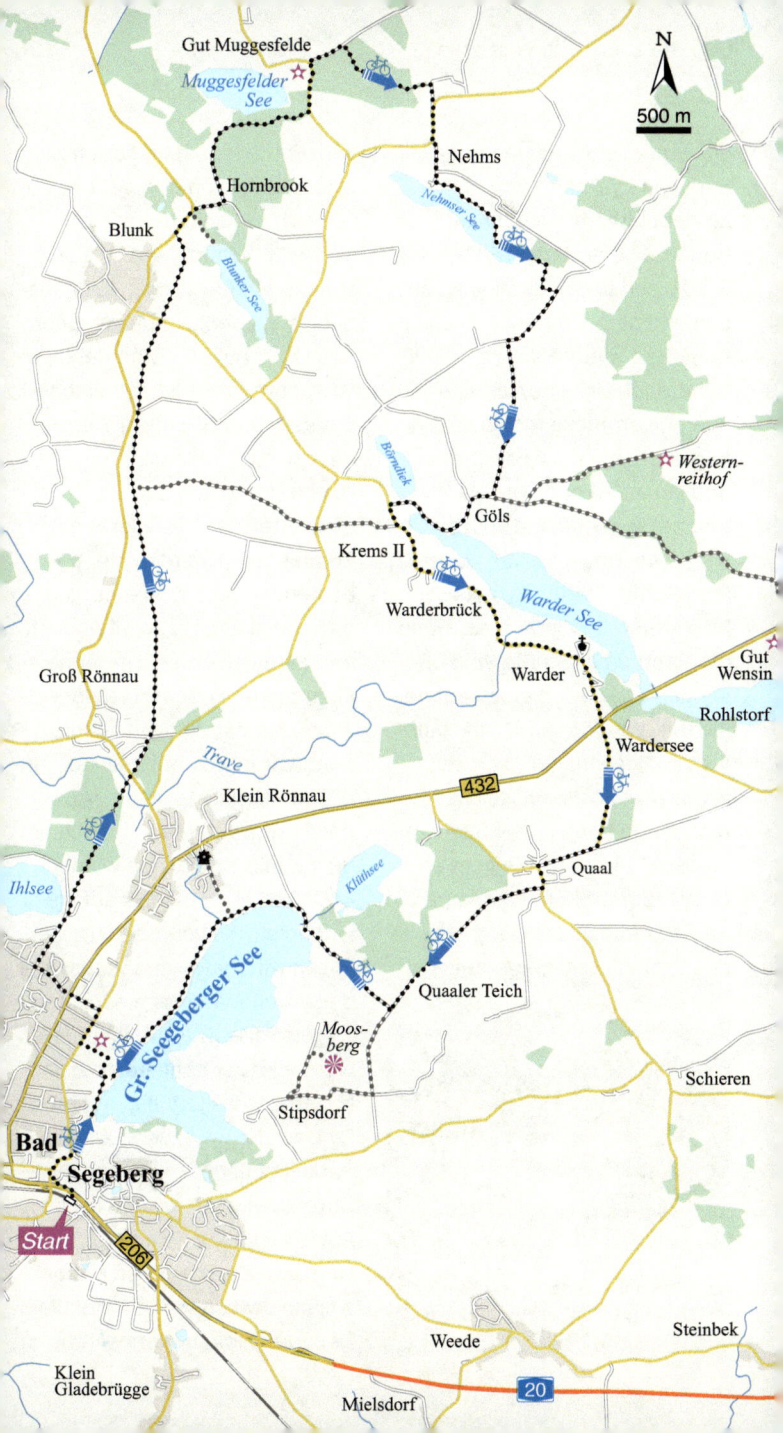

der Stadthighlights Bad Segebergs anzufahren.

An der Fußgängerampel am
Bahnhof überqueren wie die
B 206 und folgen dann links abbiegend deren Verlauf in Richtung Stadtmitte. Nach etwa 300
Metern fahren wir unter einer
Fußgängerbrücke rechts ab. Wir
folgen dem Verlauf der Straße
und gelangen nach wenigen Metern auf die Straße „Landratspark" (abermals rechts, weiterhin
in Richtung Stadtmitte). Nach
500 Metern zweigt rechter Hand
die Hamburger Straße ab (Fußgängerzone). Wir bleiben auf der
Straße „Landratspark" und verlassen diese an der nächsten
Kreuzung, wo wir uns leicht
rechts und dann links halten. Auf
der Großen Seestraße geht es
hinab zum Großen Segeberger
See. Wir folgen dem Weg entlang
des Großen Segeberger Sees bis

Ruhe und Gelassenheit strahlen die Rude-
rer auf dem Großen Segeberger See aus.

zum Ende der asphaltierten See-
promenade. Von dort geht es auf
Höhe des Musikpavillons links
ab, einen Schotterweg relativ
steil bergauf (wer mag, kann hier
auch schieben), vorbei an einem
Spielplatz auf den Erhard-Saager-
Weg. Links abbiegend bleiben wir
auf dem Erhard-Saager-Weg, sodass wir am Ende des Kurparks
rechter Hand den Landesturnier-
platz erreichen. Den ganzen
Sommer über werden hier bedeutende und spannende Reit-
turniere ausgetragen, aber auch
andere Events wie Jahrmärkte,
Flohmärkte, Fußballspiele oder
Zirkusveranstaltungen finden
statt. Wir fahren entlang des Lan-
desturnierplatzes und biegen
nach etwa 600 Metern rechts in
die Eutiner Straße, die wir nach
400 Metern nach links auf die
Lindhofstraße verlassen. Dieser
folgen wir immer geradeaus über
den Wendehammer hinaus. Die
Ziegelstraße (B 432) überqueren
wir an der Fußgängerampel und
halten uns weiterhin geradeaus.
So erreichen wir zuerst einen
Parkplatz und fahren dann die
Straße „Redderblecken" entlang.
Am Ende dieser Straße fahren
wir nach rechts auf den Kühne-
weg. In dessen Verlauf wird die
Bebauung immer dünner, und wir

verlassen das Stadtgebiet Bad Segebergs. Nach etwa 600 Metern liegt linker Hand der Ihlsee. Direkt an den See gelangt man nur an der Badestelle, die bei gutem Wetter geöffnet hat. Alternativ bietet sich die Seeterrasse des „Restaurant am Ihlsee" an (Tel. 04551/8560806, www.ihlsee-restaurant.de), von der aus man einen herrlichen Blick über den Ihlsee und das angrenzende Schutzgebiet hat.

Der Ihlsee ist einer der bedeutendsten nährstoffarmen Seen Schleswig-Holsteins. Diese Kalk- und Nährstoffarmut bietet ideale Lebensbedingungen für einige botanische Besonderheiten. Besonders erwähnenswert ist die Vielfalt an Unterwasserpflanzen. Manche dieser seltenen Pflanzen bleiben dem Besucher aber zumeist verborgen. Mit etwas Glück lassen sich im Sommer etwa die weißen bis blassblauen Blütenstände der streng geschützten Wasserlobelie beobachten, wenn sie zu Hunderten aus dem Wasser sprießen (siehe auch Info-tafeln).

Vom Ihlsee aus gelangen wir hinter dem Parkplatz des Restaurants (leicht rechts halten) auf den Radwanderweg entlang der ehemaligen Kleinbahntrasse in Richtung Groß Rönnau und

Blunk. Noch bis 1961 waren hier sowohl Personen- als auch Güterzüge im Einsatz, um den landwirtschaftlich geprägten Kreis Segeberg zu erschließen. Durch die parallel verlaufende B 404 hat die Strecke aber immer mehr an Bedeutung verloren.

Entlang des Weges finden wir eine typische Feuchtwiesenvegetation – wie beispielsweise die gelb blühende Sumpfdotterblume – vor. Nachdem wir kurz vor dem Ort Groß Rönnau die Trave überquert haben und nach weiteren 100 Metern die L 68, erreichen wir kurz hinter einer Hochspannungsleitung etwa 2,5 Kilometer hinter Groß Rönnau eine Abkürzungsmöglichkeit rechts ab in Richtung Krems II. Wer die größere Route wählt, folgt weiter der Bahntrasse und wird bei dem 1249 erstmalig erwähnten Ort Blunk mit einer Einkehrmöglichkeit belohnt. Kurz vor dem Ort bietet sich linker Hand das Restaurant „Zum alten Bahnhof" (Tel. 04557/209, www.zum-alten-bahnhof-blunk.de) mit guter holsteinischer Küche an.

Etwa 1 Kilometer hinter der Abzweigung zu dem Landgasthof verlassen wir rechts abbiegend die Kleinbahntrasse und fahren etwa 200 Meter die

Seit 1961 fahren fast ausschließlich Radler auf der Bahntrasse zwischen Ihlsee und dem Ort Blunk.

L 68 entlang. An der nächsten Gabelung halten wir uns wieder rechts und biegen auf die K 74 (Hornbrooker Straße) in Richtung Nehms ein (sowohl entlang der L 68 als auch der K 74 existiert kein Radweg).

Das Dorfhaus von 1836 ist das älteste noch erhaltene Haus im mehrfach von Bränden heimgesuchten Ort Blunk.

Wer an der Gabelung scharf rechts abbiegt („Seeredder"), kann sich einen kurzen Abstecher hinab zu dem Blunker See, mit ruhiger Badestelle, gönnen. Mit Aal, Barsch, Brasse, Bachforelle, Hecht, Rotfeder, Karpfen und Schleie stellt dieser See auch für Angler ein Paradies dar (Infotafel an der Abzweigung zur Badestelle).

Nachdem wir knapp 300 Meter dem Verlauf der K 74 gefolgt sind, biegen wir nach links in eine schmale asphaltierte Straße ein. Wir fahren entlang einiger Häuser (Hornbrook) und folgen dann dem Verlauf eines Schotterwegs. Rechter Hand liegt ein Waldstück, links von uns rückt immer wieder der Muggesfelder See zwischen den Bäumen hindurch in unser Blickfeld.

Am Ende des Schotterwegs fahren wir links ab auf einer Asphaltstraße Richtung Muggesfelde weiter – der Muggesfelder See liegt weiterhin linker Hand. Wir fahren vorbei an der Gutsanlage Muggesfelde mit ihrem zwischen 1721 und 1725 erbauten Herrenhaus. An der nächsten Abzweigung auf Höhe der ummauerten Gutsanlage geht unsere Tour rechts ab weiter. An der nächsten Möglichkeit (nach etwa 800 m) biegen wir abermals rechts ab auf einen kleinen Feldweg. Der Feldweg endet am Ortseingang Nehms. Dort fahren wir auf dem Grönwohlder Weg nach rechts und folgen dem Straßenverlauf (nach 500 m leicht links abbiegend die K 45 verlassen und auf die Nehmser Straße in Richtung Krems II und Göls abbiegen), bis wir den Nehmser See erreichen (z. T. kein Radweg).

Vor dem Nehmser See geht es links in einen Sandweg entlang des Seeufers. Nach einigen Hundert Metern findet sich eine idyllische Badestelle mit Steg und Liegewiese. Am Ende des Sandwegs biegen wir rechts auf die Eutiner Landstraße ein. Nach gut 500 Metern links halten, in Richtung Göls. Wir fahren durch weitläufige Felder und eine sanft hügelige Landschaft, welche für die Holsteinische Schweiz typisch ist. An der T-Kreuzung in Göls geht unsere Tour rechts ab weiter. Wer noch Lust auf einen kleinen Abstecher hat, kann sich an der Kreuzung links halten und sowohl zum Gut Wensin am Nordufer des Wardersees mit malerischem Gutsgarten als auch zum Westernreithof Wegekaten gelangen, wo Pferdeliebhaber mit etwas Glück als Zaungäste dem

Die spätromanische Feldsteinkirche von Warder ist direkt am Wardersee gelegen.

Reittraining zuschauen können. In jedem Fall folgt unsere Route nun dem Straßenverlauf um die Nordspitze des Wardersees (mit kleiner Badestelle) herum. Rechter Hand befindet sich der relativ kleine See Börndiek. Größtenteils ist kein Radweg um den Wardersee herum vorhanden. An der T-Kreuzung zwischen Wardersee und Börndiek halten wir uns links in Richtung Krems II. Nach etwa 300 Metern stoßen hier die Radler, welche hinter Groß Rönnau die Abkürzung gewählt haben, zu uns.

Nachdem wir hinter Warderbrück die Trave mit Kanueinsetzstelle überquert haben, erreichen wir den Ort Warder.

Die Siedlungstätigkeit im Raum Warder und Quaal lässt sich bis zurück in die Slawenzeit nachvollziehen. Als ältester Zeuge der nachfolgenden Epoche findet sich eine in romanischer Bauweise errichtete Feldsteinkirche (1198 erstmals erwähnt), die auf jeden Fall einen Besuch wert ist.

Von Warder aus folgen wir der Straße in Richtung Quaal. Im Ort Quaal biegen wir zuerst an der T-Kreuzung rechts ab, dann in der Ortsmitte links auf die Dorfstraße in Richtung Schieren und nach 200 Metern wieder rechts in den Stipsdorfer Weg in Richtung Bad Segeberg und Stipsdorf.

Wer auf der Dorfstraße noch ein paar Meter geradeaus weiterfährt und der Ausschilderung zum „Quaaler Ehrgarten" (Tel. 04559/550, www.cafe-ehrgarten.de) folgt, kann sich in dem dortigen Bauerngarten im englischen Stil an einem reichhaltigen Angebot an frischem Kaffee, selbst gebackenen Torten und weiteren, saisonalen Köstlichkeiten gütlich tun.

Nach zwei Kilometern auf dem Stipsdorfer Weg biegen wir an der Weggabelung rechts in Richtung Klein Rönnau ab (wer möchte, kann hier einen Abstecher zu dem Aussichtspunkt Moosberg nahe Stipsdorf, mit wunderschönem Ausblick über den Großen Segeberger See, machen; geradeaus halten, an der nächsten Kreuzung rechts in die

Klein Rönnau ist seit alters her Standort von Mühlen. Als besonderer Schatz von Klein Rönnau gilt die Wassermühle an der Rönne, die erst im Herbst 2001 renoviert wurde und jetzt als Wohnhaus und Raum für die Gemeinde genutzt wird.

Dorfstraße einbiegen und abermals rechts auf den Rönnauer Weg). Nach einem guten Kilometer erreichen wir auf der leicht abschüssigen Straße die Badestelle am Großen Segeberger See und das Restaurant „Zum Klüthsee" (Tel. 04551/83323, www.kluethseehof.de) an dem Campingplatz.

An der Badestelle biegen wir auf einen Schotterweg um den Großen Segeberger See herum ein. Empfohlen sei an dieser Stelle noch ein Abstecher hinauf zu der Wassermühle in Klein Rönnau, wo nach aufwendiger Sanierung heute wieder der komplette Mahlvorgang mit Elektroantrieb demonstriert wird. Für Gruppen ist die Besichtigung nach Terminabsprache möglich.

Auf den letzten Kilometern unserer Tour können wir am gegenüberliegenden Ufer des Segeberger Sees den Ort Stipsdorf und den Moosberg ausmachen und erreichen nach ca. zwei Kilometern die Uferpromenade nahe dem Stadtzentrum von Bad Segeberg. Von hier aus können wir die bekannte Strecke zurück zum Bahnhof fahren oder noch eine der eingangs genannten Sehenswürdigkeiten ansteuern.

Information

Tourist-Info Bad Segeberg
Oldesloer Straße 20
23795 Bad Segeberg
Tel. 04551/96490
www.badsegeberg-tourismus.de

Nordbahn
Von den Bahnhöfen Schleswig-Holsteins und Hamburgs im Stundentakt nach Bad Segeberg
Service-Tel.: 040/303977-333
www.nordbahn.de

Ausstellungen/Museen/Sehenswürdigkeiten/Veranstaltungen

Karl-May-Spiele
Kalkberg GmbH Bad Segeberg
Karl-May-Platz 1
23795 Bad Segeberg
Tel. 01805/952111
www.karl-may-spiele.de

Noctalis – Welt der Fledermäuse und Kalkberghöhle
Oberbergstraße 27
23795 Bad Segeberg
Tel. 04551/890880
www.noctalis.de

Elbe und Hamburger Umland

Die Elbe entlang von Brunsbüttel nach Elmshorn

Brunsbüttel – Brokdorf – Glückstadt – Elmshorn
Streckenlänge: ca. 51 km (ohne Anfahrt); Dauer: ca. 5 Stunden
Bahnhöfe in Elmshorn und Glückstadt; Anfahrt nach Brunsbüttel vom Bahnhof
St. Michaelisdonn (ca. 17 km)

Fernradwege entlang von Flüssen sind in Deutschland sehr beliebt, und dabei ist derjenige entlang der Elbe einer der beliebtesten. Der Streckenabschnitt von der Mündung bis zur Stadt Elmshorn führt zunächst zwar durch etwas industrialisiertes Gebiet nahe Brunsbüttel und an zwei Atomkraftwerken vorbei, aber bietet auf der gesamten Strecke den typischen deichnahen Radweg und herrlichen Blick über den Elbestrom. Wer per Bahn anreist (Rückkehr von Glückstadt oder Elmshorn möglich) kann sich durch die flache Marschlandschaft vom Bahnhof in St. Michaelisdonn bis zum Tourbeginn in Brunsbüttel an der Elbe schon mal warm radeln. Vom Bahnhof in St. Michaelisdonn fahren wir links bis zur T-Kreuzung. Dort ginge es links über die Gleise als Nordseeküstenradweg auf einer Alternativstrecke über Eddelak nach Brunsbüttel. Wir fahren rechts (ist etwas kürzer), überqueren die Hauptstraße, halten uns links und nach Passieren der Bahnschienen des Draisineverkehrs Richtung Marne an der Hauptstraße rechts und kurz darauf wieder links (Marner Straße). Wir bleiben dann auf dem Asphaltweg, biegen an der Vorfahrtstraße nach links ab und folgen dem Linksknick zur L 138, auf der wir nach rechts in Richtung Eddelak abbiegen. In Eddelak fahren wir an der Kirche vorbei und biegen dann nach rechts ab. In Behmhusen halten wir uns links und an der folgenden T-Kreuzung ebenfalls links. Vor der Brücke über den Helser Fleth geht es links, und wir folgen dem Gewässer eine Zeit lang, auch dem Linksknick, an dem auf dem gegenüberliegenden, über eine Brücke zu erreichenden Ufer eine Schutzhütte, eine kleine Anlegestelle und Infotafeln zum Nordseeküsten-Radweg zu finden sind. Am Gehöft biegen wir rechts ab in Richtung B 5, die bereits in der Ferne zu sehen und

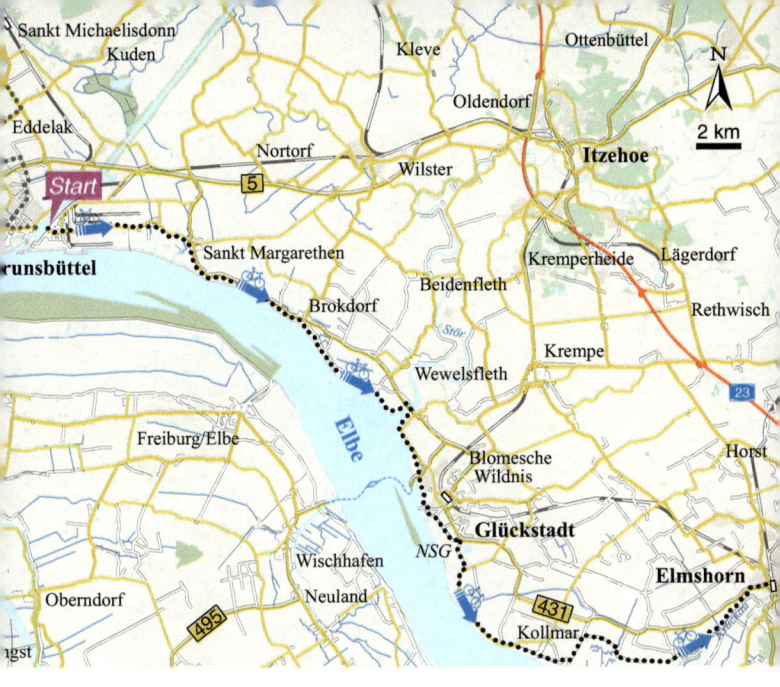

zu hören ist. Auf der Brücke überqueren wir die Bundesstraße und fahren bis zum Ende der Straße durch. Dort fahren wir rechts und nach Überqueren des Kanalgewässers Braake gleich links auf den Radweg und etwa zwei Kilometer entlang dieses Gewässers. An der Brücke überfahren wir selbiges und kommen über die Bötticherstraße nach Brunsbüttel hinein, wo wir entweder direkt zur Kanalfähre fahren (Ausschilderung), oder zunächst rechts und gleich wieder links auf die Koogstraße, die uns zur Schleusenanlage und dem dortigen Museum sowie zur Touristinformation des Ortes führt. Es gibt

diverse Einkehrmöglichkeiten, zum Beispiel nahe der Schleusen das Restaurant und Café „Torhaus Brunsbüttel" (Tel. 04852/ 940577, www.brunsbuettel-torhaus.de).
Nach Besichtigung der Schleusenanlagen des Nord-Ostsee-Kanals und des Museums „Atrium", das über den Kanal und seine Geschichte und Technik informiert, begeben wir uns entlang des Kanalufers zur nahe gelegenen Fähre, deren Benutzung wie alle Verbindungen über den Nord-Ostsee-Kanal kostenlos ist. An der Südseite des Kanals angekommen fahren wir auf der Fährstraße weiter. Das weithin

Friedlich auf den Deichen grasende Schafe sind oft die einzigen Begleiter der am Elbufer vorbeiziehenden Radfahrer und Wanderer.

sichtbare 48,6 Meter hohe Oberfeuer in der Jahnstraße weist zusammen mit dem Unterfeuer auf der Schleuseninsel den Schiffen auf der Elbe den Weg. Auf der gesamten Strecke bis Wedel gibt es 17 solcher aus Ober- und Unterfeuer bestehenden Richtfeuerlinien, die den ca. 30 000 Schiffen, die jährlich Hamburg ansteuern, den Weg weisen. Unser Weg führt uns zunächst durch ein Panorama, das man von Schleswig-Holstein nicht unbedingt gewohnt ist: Chemieindustrieanlagen, Sonder-

müllverbrennungsanlage und Atomkraftwerke (AKW) säumen den Weg. Doch da müssen wir erst mal durch. Vorbei an dem AKW Brunsbüttel kommen wir nach Büttel, wo es rechts an den Deich geht. Weiter über St. Margarethen nähern wir uns am Deich fahrend allmählich der Elbe; das Vorland wird schmaler, und nur noch einzelne Röhrichtstreifen oder Sandstrände trennen uns vom Fluss, sodass wir mit weitem Blick über die Elbe und auf die dahinziehenden Schiffe die Aussicht genießen

Kleine Leuchttürme und Unterfeuer für die Schifffahrt säumen den Weg entlang der Strecke an der Elbe, wie hier zwischen Brokdorf und der Störmündung.

können. Das nächste AKW (Brokdorf) ist in der Ferne auch bereits zu sehen, bald auch die Turmspitze der St.-Nikolaus-Kirche des Ortes, die über den Deich ragt; das Restaurant-Café „Elbblick Brokdorf" und „Hotel Sell" (Tel. 04829/9000, www.elbblick-brokdorf-hotel-sell.de) bietet die Möglichkeit zu einer elbnahen Einkehr und Stärkung.

Wir passieren das seit Dezember 2021 abgeschaltete AKW Brokdorf und radeln am Elbufer entlang bis zur Störmündung, die wir auf der Brücke des Sperrwerks überqueren. Gleich darauf geht es wieder deichnah weiter über Neuendeich und Blomesche Wildnis, wo wir hinter den Deich wechseln und an der B 495 zum

Das 1971 bis 1975 erbaute Störsperrwerk dient dem Hochwasserschutz.

Die historische Altstadt von Glückstadt mit dem Marktplatz im Zentrum ist weitgehend erhalten.

Abzweig der Fähre Glückstadt kommen, die ins niedersächsische Wischhafen über die Elbe führt.

In Glückstadt biegt der Radweg etwas ab vom Deich bis zum Hafen der Stadt. Dort können wir über die Königstraße einen Abstecher in die Innenstadt zum Markt unternehmen (oder auch per Bahn den Rückweg nach St. Michaelisdonn antreten). Der historische Marktplatz, die Stadtkirche und das im Stil der niederländischen Renaissance 1642 erbaute Rathaus sind nur einige der Highlights des Ortes, der auch zahlreiche Einkehrmöglichkeiten besitzt. Mindestens ein Matjes-Brötchen auf die Hand sollte man sich als Stärkung gönnen, bevor es Richtung Hafen weitergehen kann. Dort überqueren wir den Binnenhafen auf der Brücke und fahren rechts durch

das Deichtor und nach links auf den Weg vorm Deich, an dem wir nun das 460 Hektar große Naturschutzgebiet „Rhinplate und Elbufer südlich Glückstadt" rechter Hand zwischen uns und der Elbe sehen. Nun geht es immer am Deich entlang weiter am kleinen Hafen von Bielenberg und am Hafen von Kollmar mit Parkplatz, Imbiss und dem Hotel, Café und Bistro „Fährhaus Kollmar" (Tel. 04128/9419680, www.faehrhaus-kollmar.de) vorbei. Es geht dann auf den Deich links Richtung Elmshorn; der Weg geradeaus am Deich Richtung Krückau- und Pinnau-Sperrwerke (Passagezeiten beachten!) führt weiter entlang der Elbe über Wedel nach Hamburg hinein. Wir fahren etwas abseits vom Deich der Krückau parallel zu diesem, biegen bei Kuhle rechts ab und in Fleien nochmals rechts und halten uns immer deichnah. Der ruhige Weg – von Eschen, Erlen, Ahornbäumen, Weiden und Silberpappeln gesäumt – erreicht bald den Abzweig zur historischen Fähre Kronsnest, mit der als Touristenattraktion Fußgänger und Radfahrer auf einem kleinen Holzkahn über die Krückau gesetzt werden. Wir fahren am Deich entlang weiter, passieren den Abzweig Richtung Neuendorf und erreichen das Landgasthaus „Fährhaus Spiekerhörn" (Tel. 04121/3990, www.faehrhaus-spiekerhoern. de). Am Fährhaus vorbei kommen wir zu einem kleinen Friedhof, an dem wir geradeaus auf den Plattenweg fahren, bis zum Schöpfwerk rechter Hand, wo wir nach links dem Wasserlauf folgend zur Bundesstraße abbiegen. An der B 431 fahren wir rechts über die Brücke nach Elmshorn hinein (Informationen zu Elmshorn siehe auch Tour „Elmshorn, Uetersen, Ellerhoop", S. 222). Über Sandberg, Gerberstraße und Schulstraße erreichen wir am Rathaus vorbei den Bahnhof von Elmshorn. Um nach St. Michaelisdonn (über Glückstadt) zurückzufahren, müssen wir die Unterführung nehmen und auf die andere Seite der Bahnhofsanlage fahren.

Information

Verkehrs- und Bürgerverein (VBV)
Elmshorn
Torhaus, Probstendamm 7
25336 Elmshorn
Tel. 04121/268832
www.vbv-elmshorn.de

Tourist Information Brunsbüttel
Gustav-Meyer-Platz 2
25541 Brunsbüttel
Tel. 04852/391186
www.schleusenstadt-brunsbuettel.de

Touristinformation Glückstadt
Große Nübelstraße 31
25348 Glückstadt
Tel. 04124/937585
www.glueckstadt-tourismus.de

Ausstellungen/Museen/Sehenswürdigkeiten

Kanalmuseum Atrium
Gustav-Meyer-Platz 2, 25541 Brunsbüttel
Tel. 04852/885213
www.schleuseninfo.de/kanalmuseum-atrium/

Historische Fähre Kronsnest
Kronsnest 7
25335 Neuendorf bei Elmshorn
Tel. 04121/21399
www.faehre-kronsnest.de

Elbuferweg von Wedel zu den St. Pauli Landungsbrücken in Hamburg

Wedel – Blankenese – Othmarschen – Hamburg St. Pauli Landungsbrücken
Streckenlänge: ca. 20 km; Dauer: 2 Stunden (Rückkehr per S-Bahn)
S-Bahnhöfe u. a. in Wedel, Blankenese, Klein Flottbek, Landungsbrücken

Für Radfahrer, die von Schleswig-Holstein nach Hamburg hinfahren möchten, bietet die Tour entlang der Elbe vom holsteinischen Wedel zu den St. Pauli Landungsbrücken eine beschauliche und abwechslungsreiche Fahrt in das Zentrum Hamburgs, wobei man viele maritime Seiten der Hansestadt kennenlernt.

Von der S-Bahnstation in Wedel (Endstation der S1) fahren wir über Bahnhofstraße und Rollberg rechts in die Parnaßstraße zum Schulauer Fährhaus, wo der eigentliche Startpunkt der Tour ist. Hier befindet sich das Restaurant „Das NEUE Schulauer Fährhaus" (Tel. 04103/92000, www.schulauer-faehrhaus.de), und eine Fähre setzt ins niedersächsische Lühe im Alten Land über. Besonders berühmt ist das Fährhaus indes wegen seiner Schiffsbegrüßungsanlage „Willkomm-Höft", die jedes in den Hamburger Hafen ein- und auslaufende Schiff (über 1000 gross tons) durch Dippen der Flagge und Abspielen der Nationalhymne begrüßt und verabschiedet. Über die Lautsprecher werden den Besuchern auch Angaben zur Nationalität, zum Heimathafen, zur Ladung usw. gegeben, sodass man schnell ein paar Stunden auf der Terrasse des Fährhauses zubringen kann,

Von der Terrasse des Schulauer Fährhauses kann man der Schiffsbegrüßungsanlage „Wilkomm-Höft" lauschen.

Blick auf die Elbe bei Wedel mit elbaufwärts fahrendem Containerschiff.

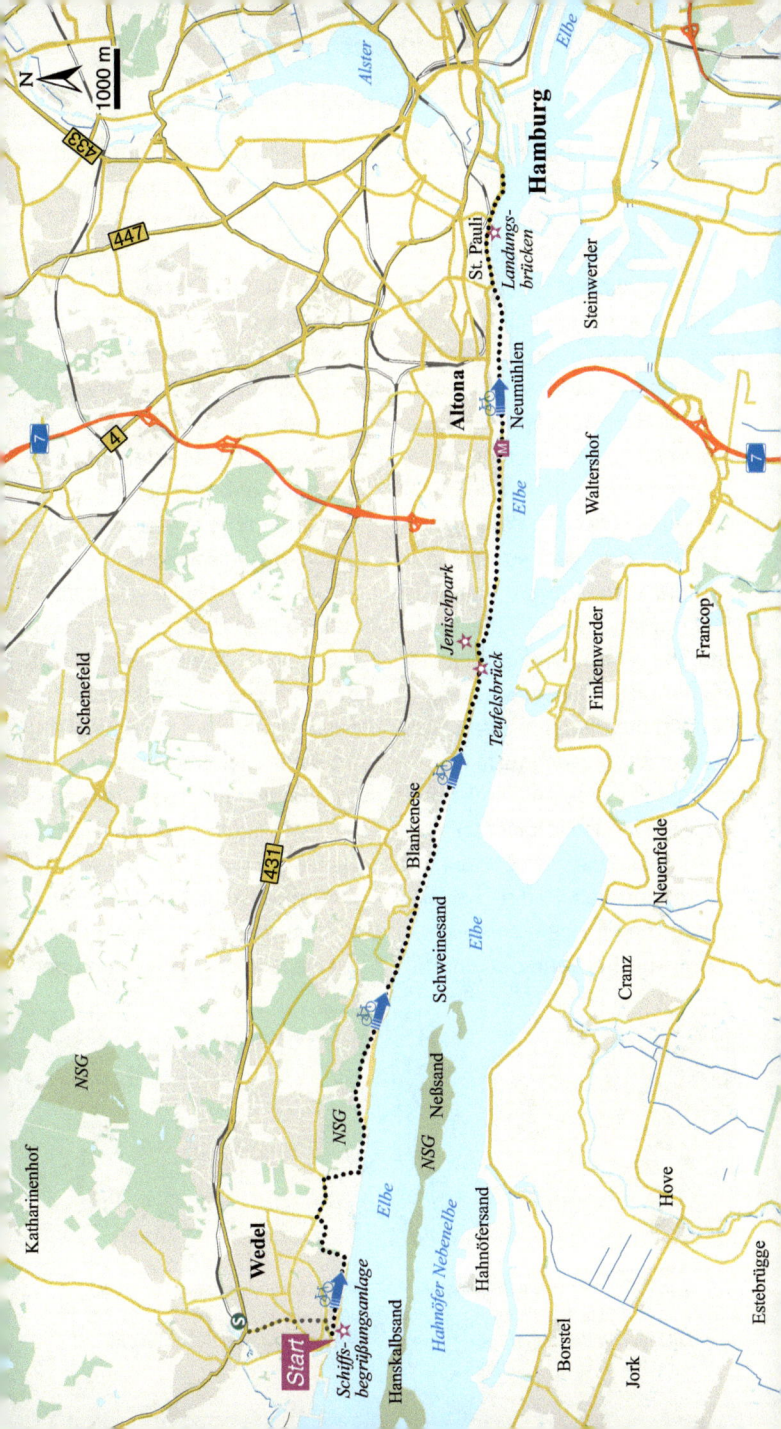

während man über die Elbe blickend mit den Gedanken den sich träge vorbeischiebenden Schiffsriesen auf ihrem Weg in ferne Länder nachhängt. Also heißt es sich losreißen. Der Weg, der hier etwas oberhalb der Elbe entlangführt, stößt schon bald auf das Kraftwerk Wedel mit seinen beiden weithin sichtbaren Schornsteinen, das wir oberhalb umfahren. Über Tinsdaler Weg und Grenzweg geht es zu einem Parkplatz, an dem wir über einige Stufen wieder an die Elbe gelangen, die wir nun bis Hamburg nicht mehr verlassen werden.

Bei Wittenbergen am Strand mit seinem alten Leuchtturm kann man noch einige Anklänge der früheren landschaftlichen Faszination des Elbestroms spüren, mit zerklüfteten Watten, weiten Sandstränden, kleinen Heiden, Hang- und Trockenrasen und Elbwiesen mit Gehölzgruppen von Weiden, Pappeln und anderen, wie sie auch im anliegenden Naturschutzgebiet „Wittenbergener Heide und Elbwiesen" zu sehen sind. In der Mitte des Stromes sieht man hier die unter Naturschutz stehende Insel Neßsand mit ihrer großen Vielfalt an Tier- und Pflanzenarten, die zum Teil nur hier beheimatet sind, wie der Schierlings-Wasserfenchel und die Wibelschmiele.

Alsbald kommen die ersten Villen von Blankenese und der Süllberg in Sicht. Der Blankeneser Leuchtturm am Strand dient zusammen mit dem Oberfeuer in Baurs Park als Richtfeuerstrecke. Eine kleine Wanderung durch das Treppengewirr des Hamburger Nobel-Vorortes als Abstecher ist ebenso interessant wie eine Fahrt vom Fähranleger „Op'n Bulln", wo man sich ins niedersächsische Cranz über-

Bisweilen verhindern höhere Bäume und Sträucher den Blick auf die Elbe, hier überragt durch den Wittenberger Leuchtturm.

Das Unterfeuer Blankenese ist 32 m hoch und steht östlich des Fähranlegers mit Aussichtsplattform.

Die Elbe immer im Blick geht die Fahrt nahe am Ufer des Stromes entlang, hier vorbei am Fähranleger Blankenese.

setzen lassen und während der Überfahrt den grandiosen Blick auf die Elbhang-Residenzen Blankeneses werfen kann. Ein Aufstieg auf den Süllberg, der mit seinem gründerzeitlichen, beflaggten Turm weithin sichtbar ist, eröffnet eine großartige Aussicht in die andere Richtung über die Elbe. Einkehrmöglichkeiten gibt es entlang der Strecke viele (vor allem je näher man der City kommt). Vom Kiosk über die gemütliche Weinterrasse bis zum Gourmetrestaurant ist für jeden Geschmack etwas dabei. Besonders interessant ist ein schwimmendes Fischrestaurant direkt auf der Elbe am Anleger „Op'n Bulln", das Restaurant „FISCHclub Blankenese" (Tel. 040/869962, www.restaurant-fischclub.de). Entlang des Weges sieht man an den Flutmarkenpfählen, an den Schutzmauern und Eisentoren zur Abwehr von Hochwasser, dass die meist gemächlich, ruhig dahinfließende Elbe auch anders kann, wie sie nicht nur bei den dramatischen Sturmfluten 1976 und vor allem 1962 eindrucksvoll gezeigt hat.

Im Jenisch-Park liegt der im klassizistischen Stil errichtete ehemalige Landsitz des Hamburger Senators Martin Johann Jenisch.

Mit dem Blick auf das gegenüberliegende Ufer, wo das Werk von Airbus in Finkenwerder zu sehen ist, geht es am oberhalb gelegenen Hirschpark über elbnahe Wege, die Schatten spendend von Linden, Robinien, Kastanien, Ahornen und anderen Gehölzen gesäumt sind, weiter bis zum Anleger Teufelsbrück. Hier liegt etwas oberhalb der Jenischpark, der für einen Abstecher nicht nur das Jenisch Haus (Museum für Kunst und Kultur an der Elbe) mit wechselnden Ausstellungen sowie das Ernst Barlach Haus mit den Werken des Zeichners und Bildhauers und wechselnden Ausstellungen und Veranstaltungen bietet, sondern auch ausgedehnte Parkanlagen und das Naturschutzgebiet „Flottbektal" mit seinen Feuchtwiesen und Talhängen. Am Hindenburgpark entlang geht es weiter nach Övelgönne mit seinen beschaulichen Kapitäns- und Fischerhäusern, in dessen engen Gassen es an Wochenenden recht gedrängt zugehen kann, sodass das Rad hier ein Stück des Weges geschoben werden muss. Vorher liegt am

Der Elbufer-Radler hat die Hamburg anlaufenden und verlassenden Schiffe stets im Blick.

Strand eine geologische Attraktion, nämlich der „Alte Schwede", Hamburgs ältester Einwanderer, ein 217 Tonnen schwerer Riesenfindling, der bei Baggerarbeiten 1999 in der Elbe gefunden wurde und immerhin als der siebtgrößte Findling in Norddeutschland gilt. Vorbei an Hamburgs kultigster

Der Riesen-Findling „Alter Schwede" wurde bei Baggerarbeiten in der Elbe geborgen.

Strandbar, der „Strandperle" (Tel. 040/88099508, www.strandperle-hamburg.de), erreichen wir den Museumshafen Oevelgönne, der mit seinen liebevoll restau-

rierten Schiffs-Oldtimern einen Abstecher lohnt. Das Feuerschiff „Elbe 3", die Dampfbarkasse „Otto Lauffer", der Eisbrecher „Stettin", der Schwimmkran „Karl Friedrich Steen" und der Hochseekutter „Präsident Freiherr von Maltzahn" sind nur einige der Beispiele an typischen Elbe-Wasserfahrzeugen früherer Zeiten,

Blick in Richtung Hamburger Innenstadt auf den Museumshafen Oevelgönne und die Seniorenresidenz „Augustinum".

die ihren Liegeplatz im Museumshafen haben. Hier übrigens – einige Meter tiefer – verbindet der große Elbtunnel mit seinen Röhren direkt unter der Elbe über die Autobahn A 7 das nördliche mit dem südlichen Elbufer. Vorbei am riesigen „Augustinum", einer Seniorenresidenz in einem ehemaligen Kühlhaus, erreichen wir allmählich die Innenstadt. Das wie ein Schiffsbug 40 Meter über die Elb-Wasserfläche hinausragende Bürogebäude „Dock-

Der Hamburger „Michel" überragt die Szenerie am Hamburger Hafen, nahe den St. Pauli Landungsbrücken, dem Zielpunkt der Radtour nach Hamburg hinein.

land" bietet einen schönen Ausblick von der öffentlichen Aussichtsplattform.

Am Cruise Center Altona entlang passieren wir alsbald die 1894

Je näher man der Hamburger Innenstadt kommt, umso urbaner werden die Impressionen.

erbaute Fischauktionshalle, das Zentrum des traditionellen Fischmarkts, der jeden Sonntagmorgen zahlreiche Besucher anlockt. Kurz darauf erreichen wir über die Hafenstraße die St. Pauli Landungsbrücken – unverkennbar das touristische Herz des Hamburger Hafens. Von hier kann man neben einer Hafenrundfahrt und anderen Touren auch diverse Besichtigungen unternehmen: den alten St. Pauli Elbtunnel, Speicherstadt und HafenCity, Elbphilharmonie, Museumsschiffe „Cap San Diego" und „Rickmer Rickmers", um nur einige Beispiele zu nennen. Wenn man genug hat von dem Trubel um die Landungsbrücken, kann man sich per S-Bahn von den Landungsbrücken nach Wedel aufmachen oder per Hafenfähre bis zum Anleger Neumühlen (am Museumshafen) und von dort nochmals den Rest der Strecke bis zum Schulauer Fährhaus zurückradeln – weil es so schön war.

Information

Hamburg Tourismus GmbH
Wexstraße 7, 20355 Hamburg
Tel. 040/30051701
www.hamburg-tourism.de

Hamburg Information am Hauptbahnhof:
Hauptausgang Kirchenallee
Tourist-Information am Hafen: St. Pauli
Landungsbrücken, zwischen Brücke 4 und 5

Wedel Marketing e. V.
Rathausplatz 3-5, 22880 Wedel
Tel. 04103/707707
www.wedel.de

**Ausstellungen/Museen/
Sehenswürdigkeiten**

Willkomm-Höft, Schiffsbegrüßungsanlage am Schulauer Fährhaus, jeden Tag von Sonnenauf- bis Sonnenuntergang
(von 11:30 Uhr bis Sonnenuntergang ist ein Begrüßungskapitän vor Ort)
Tel. 04103/92000
www.schulauer-faehrhaus.de

Jenisch Haus, Museum für Kunst und Kultur an der Elbe
Baron-Voght-Straße 50, 22609 Hamburg
Tel. 040/828790
www.shmh.de/de/jenisch-haus

Ernst Barlach Haus im Jenischpark
Stiftung Hermann F. Reemtsma
Baron-Voght-Straße 50 a, 22609 Hamburg
Tel. 040/826085
www.barlach-haus.de

Museumshafen Oevelgönne e. V.
Anleger Neumühlen, 22763 Neumühlen
Tel. 040/41912761
www.museumshafen-oevelgoenne.de

Am Elbufer zwischen Lauenburg und Geesthacht

Lauenburg – Tesperhude – Krukow – Krüzen – Lauenburg
Streckenlänge: ca. 31 km; Dauer: 3 Stunden; Abstecher nach Geesthacht von
Tesperhude (14 km hin und zurück)
Bahnhof in Lauenburg

Wir beginnen die Tour am Bahnhof von Lauenburg, der an der Bahnlinie von Lübeck nach Lüneburg liegt. Beim Verlassen des Bahnhofs sieht man linker Hand die Elbe und die darüber führende Brücke der B 209 und der Bahnlinie Richtung Lüneburg. Wir halten uns rechts, überqueren auf einer Brücke den Elbe-Lübeck-Kanal und biegen links in Richtung der direkt an der Elbe gelegenen Altstadt Lauenburgs (überwiegend Kopfsteinpflaster). Wir durchfahren die Altstadt mit ihren zum Teil aufwendig restaurierten historischen Häusern,

Der alte Museumsraddampfer „Kaiser Wilhelm" ist einer der letzten kohlebefeuerten Schaufelraddampfer, die in Deutschland noch unterwegs sind.

deren ältestes, das Mensingsche Haus, aus dem Jahr 1573 stammt, und kommen vorbei am Schiffsanleger mit dem „Rufer", einer Bronzeplastik, die den Gruß symbolisiert, der vorbeifahrenden Schiffen zugerufen wird. Neben den modernen Ausflugsschiffen der Elbe hat hier auch der historische Raddampfer „Kaiser Wilhelm" seine Anlegestelle. Wir passieren diverse Einkehrmöglichkeiten, wie zum Beispiel das Hotel-Restaurant „Zum Alten Schifferhaus" (Tel. 04153/ 58650, www.schifferhaus.de), und das Elbschifffahrtsmuseum. Überragt wird die Altstadt von der 1227 als Kapelle errichteten Maria-Magdalenen-Kirche, deren spitzer neugotischer Turm 1902 ergänzt wurde (1993 erneuert). Vom Schloss stehen noch ein Flügel und der Schlossturm von 1477, den man in der Oberstadt besteigen kann und der einen schönen Ausblick über die Stadt und die Elbe ermöglicht. Doch Stadtrundgang, Besuch des Fürs-

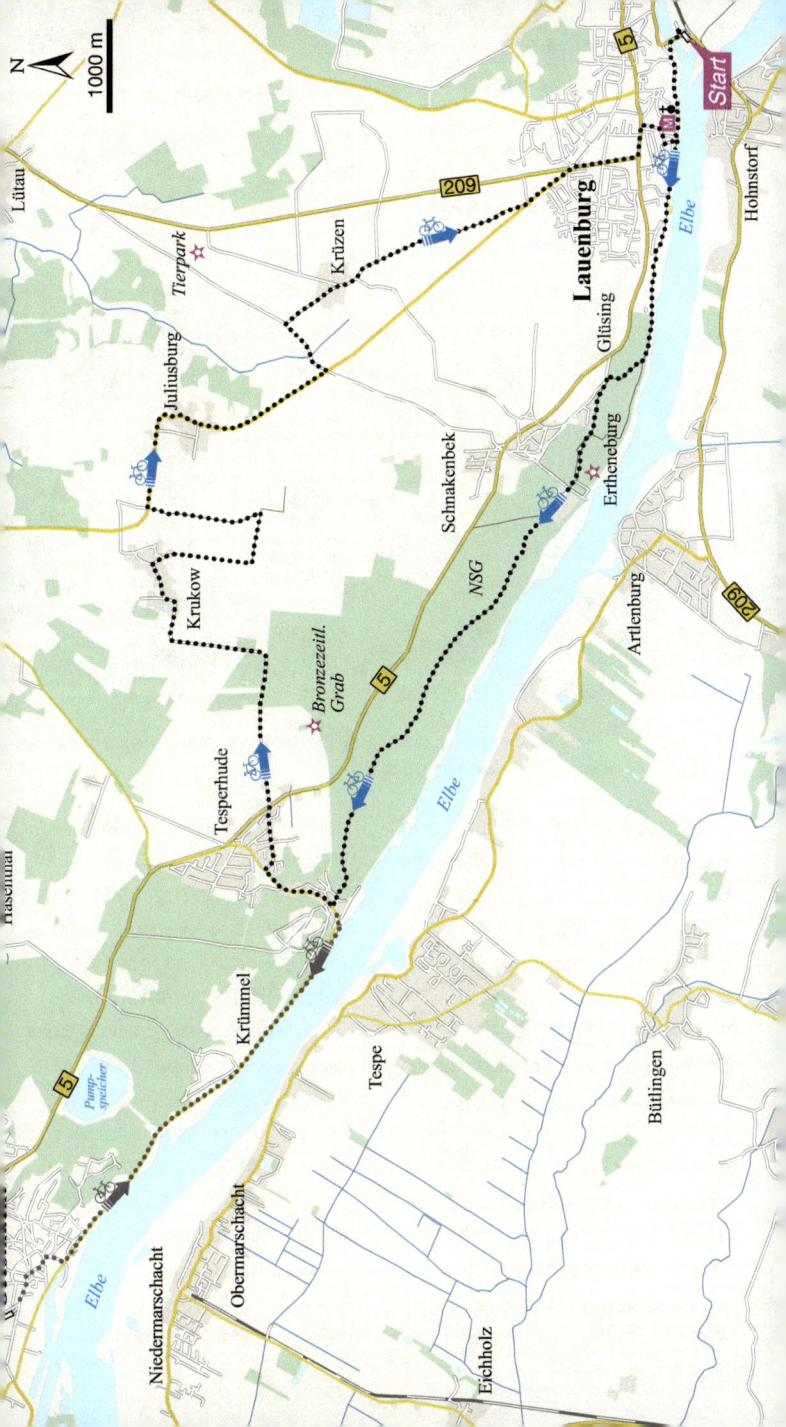

Lauenburg mit seiner malerischen Unterstadt gehört zu den besonderen Attraktionen einer Tour am schleswig-holsteinischen Elbufer.

tengartens in der Oberstadt und weitere Besichtigungen verschieben wir auf später und fahren erst mal am Elbufer weiter an der ersten Jugendherberge (Zündholzfabrik) vorbei, bis der Radweg rechts steil bergauf am Schwimmbad vorbei den Wanderweg direkt am Elbufer entlang verlässt. Die Anhöhe erklommen, geht es links abbiegend an der zweiten Jugendherberge Lauenburgs (am Sportplatz) vorbei am hohen Elbufer entlang. Bis Tesperhude verläuft der Radweg etwas oberhalb des direkt am Elbufer entlangführenden Wanderwegs durch das 455 Hektar große Naturschutzgebiet „Hohes Elbufer zwischen Tesperhude und Lauenburg", in dem die zahlreichen Uferlebensräume, wie naturnahe Weichholzauen, aber auch die interessanten Waldbiotope, wie artenreiche Eichen-Trockenwälder, geschützt werden. Seit 1996 ist sogar der Biber wieder in diesen Abschnitt der Elbe eingewandert.

Am Forsthaus Glüsing halten wir uns links und kommen zum Parkplatz an dem archäologischen

Denkmal der Ertheneburg, zu der wir nach links einen kleinen Abstecher machen können. Die frühmittelalterliche Burg lag strategisch günstig am Elbübergang der Alten Salzstraße, auf der das in Lüneburg gewonnene Salz zum Weiterhandel nach Lübeck transportiert wurde. Der 1026 erstmals erwähnte Wehrbau wurde 1181 von Heinrich dem Löwen auf der Flucht vor Kaiser Barbarossa niedergebrannt und danach abgetragen.

Die Fahrt setzen wir am Parkplatz rechts auf dem Kopfsteinpflasterweg fort. An der Kreuzung geht es geradeaus weiter, aber es lohnt sich ein Abstecher links zur Elbe hinunter, zum Café und Restaurant „Alter Sandkrug" (Tel. 04153/520976, www.alter-sandkrug.de) mit hübscher Terrasse und Elbblick, eigenem Sandstrand und Schiffsanleger.

Wir bleiben auf dem Radweg, der nun in einigen Kurven, aber meist mit der Elbe durch die Baumreihen im Blick oberhalb des Flusses durch den Wald führt. Da es sich um einen Naturwald handelt, wird um besondere Vorsicht bei starkem Sturm oder starker Schneelast gebeten, weil Äste herabfallen oder sogar Bäume umstürzen können.

In Tesperhude verlassen wir den Wald und kommen auf einen Asphaltweg, der uns nach links abbiegend an die Hauptstraße (Tesperhuder Straße) führt. Hier geht es nach rechts weiter, aber für einen Abstecher nach Geesthacht (ca. 14 km hin und zurück) biegen wir nach links zur Elbe hinunter, wo wir auch einige Restaurants und Cafés finden, zum Beispiel das „Café Koch" in Tesperhude (Tel. 04152/837099 www.cafe-koch.com). Tesperhude ist vor allem bekannt für das nahe der B 5 gelegene Totenhaus, ein bronzezeitlicher Grabhügel mit vier Bestattungen der älteren Bronzezeit.

Geesthacht liegt etwa sechs bis sieben Kilometer entfernt und ist an der Elbe entlang, vorbei an dem Atomkraftwerk Krümmel und dem Pumpspeicherkraftwerk, gut erreichbar. Die ehemalige Korbflechterstadt an der Elbe hat sich im Lauf der Zeit zu einer Technikstadt entwickelt, mit den Schleusenanlagen der Elbe, den Kraftwerken, dem Helmholtz-Forschungszentrum Geesthacht und der Museumseisenbahn „Karoline". Aber auch das älteste Haus der Stadt, ein 1676 erbautes niederdeutsches Hallenhaus, das

Krügersche Haus, das heute die Touristinformation und ein Museum beherbergt, und die Fachwerkkirche St. Salvatoris von 1685 lohnen eine Besichtigung. Wer gern an der Elbe bleiben möchte, kann auch auf der Brücke der B 404 den Fluss bei Geesthacht überqueren und den Rückweg entlang der Elbe auf niedersächsischer Seite über Marschacht, Tespe, Artlenburg, Hohnstorf antreten und erreicht die Elbbrücke bei Lauenburg und den dortigen Bahnhof (Gesamtstrecke dann ca. 40 km). Für den Rückweg von Tesperhude radeln wir die Tesperhuder

Das Krügersche Haus in Geesthacht ist das älteste erhaltene Gebäude der Stadt.

Straße bergan und biegen rechts in die Grünhofer Straße, die uns an die B 5 führt, die wir geradeaus Richtung Krukow überqueren. In Krukow kommen wir auf die Ortsstraße, die wir später nach rechts (Straße „Am Kuhberg") verlassen. An der T-Kreuzung fahren wir links, nächste wieder links und kommen auf der Straße „Im Bohnenbusch" an die Landstraße, auf die wir nach rechts fahren. Auf dieser Straße (kein Radweg) durchfahren wir den Ort Juliusburg und biegen nach etwa zwei Kilometern nach links auf die Alte Salzstraße, die wir kurz darauf nach rechts Richtung Krüzen verlassen. Wir durchfahren den Ort, der – etwas außerhalb gelegen – auch einen kleinen Tierpark mit 70 verschiedenen Tierarten und weiteren Attraktionen für Kinder besitzt. Am Ortsende, kurz vor Erreichen der B 209, geht rechts ein Radwan-

In Geesthacht unter Dampf: die Museumseisenbahn „Karoline".

derweg nach Lauenburg ab. An dem Kreisverkehr fahren wir links über die Mecklenburger Straße zur B 209, der wir nach rechts auf dem Radweg folgen. Wir erreichen einen weiteren Kreisverkehr, der uns nach links auf der Hamburger Straße nach Lauenburg hineinführt. Rechts geht die Grünstraße ab, die uns in steiler Fahrt (vorher die Bremsen prüfen!) wieder an die Kopfsteinpflasterstraße führt, auf der wir zu Beginn die Lauenburger Unterstadt durchfahren haben. Nach links gelangen wir auf bekanntem Wege durch die Altstadt wieder zum Bahnhof.

Information

Tourist-Information Lauenburg/Elbe
Elbstraße 59, 21481 Lauenburg/Elbe
Tel. 04153/5909220
www.herzogtum-lauenburg.de/lauenburg

Tourist-Information Geesthacht
im Krügerschen Haus
Bergedorfer Straße 28, 21502 Geesthacht
Tel. 04152/836258
www.herzogtum-lauenburg.de/geesthacht

Herzogtum Lauenburg Marketing
und Service GmbH
Hauptstraße 150, 23879 Mölln
Tel. 04542/856860,
www.herzogtum-lauenburg.de

Ausstellungen/Museen/Sehenswürdigkeiten

Elbschifffahrtsmuseum Lauenburg
Elbstraße 59, 21481 Lauenburg/Elbe
Tel. 04153/5909219
www.herzogtum-lauenburg.de/elbschiff-fahrtsmuseum-5

GeesthachtMuseum
im Krügerschen Haus
Bergedorfer Straße 28, 21502 Geesthacht
Tel. 04152/836258
www.herzogtum-lauenburg.de/
a-geesthachtmuseum

Tierpark Krüzen
Ziegelei 9, 21483 Krüzen
Tel. 04153/3334
www.tierpark-kruezen.de

Durch den Sachsenwald und die umgebende Seen- und Flusslandschaft

**Friedrichsruh – Möhnsen – Hamfelde – Trittau – Lütjensee – Papendorf – Rausdorf –
Witzhave – Aumühle – Friedrichsruh**
Streckenlänge: ca. 50 km; Dauer: etwa 5 Stunden
Bahnhöfe (auch S-Bahnhof) in Friedrichsruh und Aumühle

Der östlich von Hamburg gelegene Sachsenwald ist mit einer Größe von etwa 70 Quadratkilometern Schleswig-Holsteins größtes zusammenhängendes Waldgebiet. Er ist der Rest eines einstigen großen Waldgebiets – hauptsächlich bestehend aus Eichen und Buchen –, das von der Ostsee bis zur Elbe reichte. Bereits in der Stein- und Bronzezeit

Schattige, gut ausgebaute Waldwege leiten den Radler durch den Sachsenwald.

war das Gebiet des heutigen Waldes Kulturland, wie einige noch sichtbare Grabhügel im Bereich der Bille bezeugen. Im Zuge der Völkerwanderungen wurde das Gebiet allerdings wieder verlassen, sodass sich daraufhin der Wald ausdehnen konnte.

Zu Zeiten Karls des Großen um etwa 800 n. Chr. stellte der Wald die nördliche Grenze des Heiligen Römischen Reiches dar. In der Nähe des Waldes sind teilweise sogar noch Befestigungsanlagen aus dieser Zeit zu erkennen, wie beispielsweise der nordöstlich gelegene Kasseburger Ringwall. Etwa vom 13. Jahrhundert an wurde der Wald von den angrenzenden Herzogtümern als Jagdgebiet genutzt; aus dieser Zeit stammt auch der Name Sachsenwald. Anfang des 18. Jahrhunderts begann im Wald schließlich die Forstpflege, hauptsächlich wurde mit untypischen Nadelgehölzen aufgeforstet, heute halten sich Nadel- und Laubgehölze in etwa die Waage.

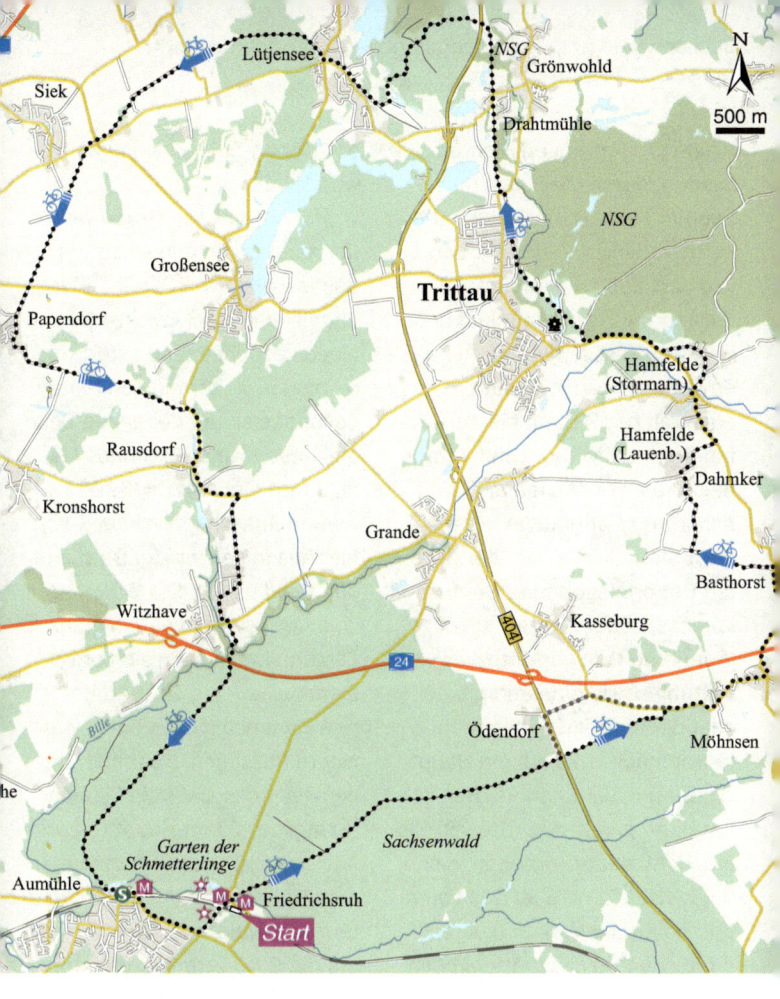

Im Jahr 1871 erhielt Otto von Bismarck den Sachsenwald für seine Verdienste um die Reichsgründung von Kaiser Wilhelm I. als Geschenk. Noch heute wohnen seine Nachkommen in dem Herrenhaus in Friedrichsruh, welches er damals bauen ließ. Heute stellt der Wald nicht nur ein bedeutendes Erholungsge-biet für Wanderer und Fahrrad-fahrer dar, er bietet auch auf-grund der vielen Teiche und Wasserläufe für die heimische Tier- und Pflanzenwelt wichtige Biotope.

Wir beginnen die Tour in Friedrichsruh, durchqueren von hier aus den Wald in östlicher Richtung und fahren anschließend in einem großen Bogen Richtung Norden, durch die Fluss- und Seenlandschaft um Trittau zum nordwestlichen Waldrand und von dort aus durch den Wald zurück zum Ausgangspunkt. Friedrichsruh lässt sich mit dem Zug erreichen, alternativ kann man auch mit der S-Bahn bis Aumühle fahren und die Tour von hier aus beginnen. Wir starten am Friedrichsruher Bahnhof, in dessen Hauptgebäude, einem der ältesten Bahnhofsgebäude Deutschlands, sich der Sitz der 1997 gegründeten Otto-von-Bismarck-Stiftung sowie eine entsprechende Ausstellung befinden. Wir fahren nach links auf die Hauptstraße und kommen an dem linker Hand gelegenen Otto-von-Bismarck-Museum vorbei, wo sich eine Ausstellung über das Leben und politische Wirken des ersten deutschen Reichskanzlers befindet. Auch das unweit gelegene Mausoleum, letzte Ruhestätte des Fürsten und seiner Frau, kann besichtigt werden. Wenn man die Straße hinter dem Museum links etwa 700 Meter hineinfährt, gelangt man zu dem „Garten der Schmetterlinge". Hier lässt sich in einem etwa 5000 Quadratmeter großen Gewächshaus eine Vielzahl von exotischen Schmetterlingen bewundern.

Wir fahren auf der Straße weiter, überqueren die den gesamten Sachsenwald von Ost nach West durchfließende Schwarze Au und biegen anschließend sofort nach rechts ab. Nach wenigen Metern befindet sich auf der linken Seite das Restaurant „Forsthaus Friedrichsruh" (Tel. 04104/6992899, www.meinsachsenwald.de). Von hier aus folgen wir der Straße in den Wald hinein. Die Waldwege sind insgesamt in einem guten Zustand und lassen sich problemlos mit dem Fahrrad befahren. Dennoch gibt es einige steinigere Passagen, wo man aufpassen muss. Im Wald bleiben wir stets auf dem Hauptweg und fahren an Kreuzungen geradeaus, bis wir nach einigen Kilometern den Waldrand erreichen und auf die B 404 treffen. Wer mit einem geländegängigen Fahrrad unterwegs ist, sollte hier auf jeden Fall die Straße schräg nach links überqueren und auf der anderen Seite den schönen, aber sehr unebenen Waldweg weiterfahren. Im Wald fährt man dann immer so, dass linker Hand der Waldrand ist, bis man aus dem Wald heraus an die Landstraße kommt, auf der es nach rechts

Der Schönheit der Schmetterlinge vermag kaum jemand zu widerstehen: zu bestaunen im „Garten der Schmetterlinge" in Friedrichsruh.

weitergeht. Wer unebenes Gelände vermeiden will, muss einen kleinen Umweg fahren. Hierzu biegen wir schon vor der Bundesstraße nach links auf die Straße, die parallel zur B 404 verläuft. Bei der nächsten Möglichkeit überqueren wir die Bundesstraße und folgen der Straße, die von dieser abgeht. An der T-Kreuzung halten wir uns rechts, fahren ein kurzes Stück ohne Radweg auf der Straße und kommen bald ebenfalls zum Waldrand. Wir erreichen Möhnsen, biegen nach einiger Zeit nach links in die Ringstraße und fahren anschließend an der T-Kreuzung wieder links. Nachdem der Ort passiert ist, überqueren wir die A 24 und müssen wieder ein kurzes Stück ohne Radweg auf der Straße fahren. In Basthorst fahren wir an der ersten Möglichkeit dem Radwegschild Richtung Dahmker folgend nach links. Durch ein Gebiet mit vielen landwirtschaftlich genutzten Flächen radeln wir, bis eine asphaltierte Straße nach rechts abgeht, der wir folgen. Wir durchfahren den Ort Dahmker, erreichen wieder die Landstraße und fahren auf dieser ein kurzes Stück bis nach Hamfelde. Wir passieren die Hamfelder Mühle, halten uns links, biegen an der nächsten Kreuzung nach rechts ab und überqueren die Landstraße. Auf der Dorfstraße fahren wir weiter durch den Ort, passieren den auf der linken Seite gelegenen Gasthof „Waldeslust" (Tel. 04154/ 2526, www.waldeslust-hamfelde.de) und halten uns an der Landstraße wieder rechts. Hier befindet sich auf der rechten Seite das große Naturschutzgebiet „Hahnheide", und links der Straße hat man einen schönen Blick über

Die 1876 erbaute Pirsch-Mühle in Hamfelde wird heute als Restaurant genutzt.

das Billetal. Die Bille ist einer der wenigen in Schleswig-Holstein noch erhaltenen fast natürlichen Flüsse und entspringt nördlich des Naturschutzgebiets „Hahnheide". Da der Fluss in großen Teilen für die Region einzigartig ist, wurde ein Teil der Bille, vor allem entlang des Sachsenwaldes, 1987 zu einem 176 Hektar großen Naturschutzgebiet erklärt. Viele seltene Tiere wie Bachforelle und Eisvogel haben hier einen Lebensraum gefunden. Nach einer Fahrt von etwa 1,5 Kilometern entlang der Landstraße biegen wir nach rechts in einen Kopfsteinpflasterweg Richtung Hohenfelde ein. Nach etwa 200 Metern fahren wir nach links auf den Radwanderweg, der sich auf einem alten Bahndamm befindet. Wer bei der nächsten Möglichkeit nach links abbiegt, erreicht nach etwa 300 Metern über einen Kopfsteinpflasterweg die sehenswerte alte Wassermühle Trittau von 1701, die heute als Kulturzentrum genutzt wird. Nach kurzer Fahrt auf dem Bahndamm verlassen wir diesen dem gelben Schild nach links folgend, unterqueren den alten Bahndamm und radeln auf diesem Weg weiter. Am Ende des Weges fahren wir ein kurzes

Die 65 Kilometer lange Bille fließt am Nordrand des Sachsenwaldes entlang und mündet bei Hamburg in die Elbe.

Stück nach links die Straße entlang, und nach etwa 100 Metern kommen wir nach rechts biegend wieder auf den Radwanderweg. Auf dem alten Bahndamm geht es nun weiter, wir folgen dem Schild Richtung Bad Oldesloe nach rechts und fahren etwa zwei Kilometer auf dem Bahndamm, bis wir ein auf der rechten Seite stehendes einzelnes Haus erreichen. Hier fahren wir nach links in einen Sandweg hinein und auf die bereits gut hörbare B 404 zu. Diese unterqueren wir und gelangen in den Wald, der teilweise zu dem Naturschutzgebiet „Moorgebiet Kranika" gehört, über das man auf einer am Waldrand angebrachten Infotafel detaillierte Informationen finden kann. Die Beschilderung im Wald ist auf den Bänken angebracht, wir folgen den Wegweisern Richtung „Forsthaus" und kommen nach etwa zwei Kilometern bergab aus dem Wald heraus; gleich auf der linken Seite befindet sich das Restaurant „Forsthaus Seebergen" (Tel. 04154/79290, www.forsthaus-seebergen.de). Wir fahren auf der Straße „Seebergen" rechts um einen kleinen See herum. Am Ende der Straße halten wir uns rechts und biegen auf die Straße „Deepenstegen" ab. Nach etwa 200 Metern fahren wir nach rechts auf den anfangs parallel zur Straße verlaufenden Radweg, auf dem wir durch den Ort hindurch fahren, bis der Radweg endet und wir eine Ampel erreichen. Wir überqueren die Kreuzung, fahren die Straße nach rechts etwa 30 Meter entlang und dann nach links wieder auf den Radwanderweg über den alten Bahndamm. Auf diesem Radweg bleiben wir nun eine ganze Weile, bis wir Papendorf erreichen, wo wir dem Radwegeschild Richtung Sachsenwald nach links folgen. Nach wenigen Metern biegen wir nach rechts ab und gelangen auf der Dorfstraße fahrend in den Ort. Nachdem wir einige Gehöfte passiert haben, gelangen wir stets auf der Dorfstraße fahrend wieder aus dem Ort heraus.

Nach einigen Kilometern erreichen wir eine T-Kreuzung, an der wir nach rechts abbiegen. In Rausdorf halten wir uns links Richtung Trittau und fahren nach dem Ortsausgang nach rechts Richtung Witzhave. Diesen Ort durchfahren wir, bis wir das Ortsausgangsschild erreichen, vor dem wir nach rechts in die Poststraße einbiegen. Wir folgen dem Straßenverlauf nach links, erreichen die Möllner Landstraße, wo wir nach links abbiegen, überqueren die Straße sogleich wieder und fahren in die Straße „Lange Brücke". Am Ende der Straße fahren wir nach rechts in den Wald, überqueren an der Brücke die Bille, halten uns an der Informationstafel rechts und fahren unter der Autobahnbrücke hindurch. Der erste Abschnitt hier im Wald ist teilweise sehr sandig, und es gibt einige starke Steigungen. Direkt hinter der Autobahnbrücke fahren wir nach links. Anschließend kommen wir auf einen Waldweg, den wir einige Kilometer entlangfahren. Schließlich überqueren wir eine große kahl geschlagene Fläche und fahren anschließend an der nächsten Kreuzung nach links. Wir kommen aus dem Wald heraus und überqueren die Brücke. Anschließend halten wir uns links, bis wir die Hauptstraße erreichen. Hier befindet sich neben der S-Bahn-station Aumühle das Eisenbahnmuseum „Lokschuppen Aumühle" (eingeschränkte Öffnungszeiten). Wir fahren die Straße nach links entlang, bis

Das Eisenbahnmuseum in Aumühle.

nach etwa zwei Kilometern der ausgeschilderte Radweg nach Friedrichsruh nach links abgeht. Diesem folgen wir durch den Wald, passieren das Mausoleum von Bismarck und erreichen wieder den Bahnhof Friedrichsruh.

Information

Gemeinde Aumühle
Rathaus
Bismarckallee 21
21521 Aumühle
Tel. 04104/9990
www.amt-hohe-elbgeest.de

Otto-von-Bismarck-Stiftung
Am Bahnhof 2
21521 Friedrichsruh
Tel. 04104/97710
www.bismarck-stiftung.de

**Ausstellungen/Museen/
Sehenswürdigkeiten**

Bismarck Museum und Mausoleum
Am Museum 2, 21521 Aumühle
Tel. 04104/9639344
www.bismarck-stiftung.de

Garten der Schmetterlinge
Am Schlossteich 8
21521 Friedrichsruh
Tel. 04104/6037
www.gartenderschmetterlinge.de

Eisenbahnmuseum
Lokschuppen Aumühle
Am Mühlenteich
21521 Aumühle
Tel. 04104/9639208
www.vvm-museumsbahn.de

Elmshorn, Uetersen, Ellerhoop – die Gartentour

Elmshorn – Klein Nordende – Heidgraben – Uetersen – Tornesch – Ellerhoop – Seeth-Ekholt – Elmshorn
Streckenlänge: ca. 34 km (Elmshorn–Tornesch: ca. 17 km); Dauer: 3–4 Stunden
Bahnhöfe in Elmshorn und Tornesch

Ausgehend von Elmshorn in das größte zusammenhängende Baumschul- und Rosenanbaugebiet Deutschlands hat diese Tour durch die reizvolle Landschaft zwischen Marsch und Geest für Natur- und Gartenliebhaber alles Wünschenswerte zu bieten. Schon Elmshorn präsentiert sich grün, mit einer großen Vielfalt an innerstädtischen Parkanlagen, Wasserläufen, Ruhezonen, Kinderspielplätzen und Grünzonen. Nach der Zerstörung im Zweiten Weltkrieg und der großen Sturmflut 1962 ist die Stadt heute ein modernes Dienstleistungszentrum. Die Geschichte der Stadt lässt sich am besten im Industriemuseum in unmittelbarer Bahnhofsnähe (Ausgang Königstraße/Holstenplatz) nachvollziehen. Hier kann die Lebens- und Arbeitswelt Elmshorns, aber auch ganz Schleswig-Holsteins im Industriezeitalter aktiv erlebt werden. Weitere Informationen zur Ortsgeschichte bietet das Heimatmuseum (Konrad-Struve-Haus).

Ausgehend vom Bahnhof wählen wir als Beginn unserer Gartentour den Ausgang Mühlenstraße. Direkt hinter der Bahnhofsunterführung, beim Kiosk „Eis-Café Blaubach" halten wir uns rechts auf dem Tarasconer Weg und radeln parallel zu den Bahnschienen los. Die große Straßenkreuzung, welche wir nach etwa 600 Metern erreichen, überqueren wir geradeaus, sodass wir auf die Hamburger Straße gelangen (rechte Straßenseite wählen). Nach knapp 200 Metern schwenken wir nach rechts. Auf dem Parkplatz des Förderzentrums am Dohrmannweg halten wir uns rechts, um am Ende der Straße „Dohrmannweg" abermals rechts auf den „Holzweg" zu gelangen. Diesen können wir nach wenigen Metern gleich wieder links abbiegend verlassen. Wir passieren eine Schrebergartensiedlung; kurz vor dem Ende des Weges biegen wir rechts durch ein Eisentor ab, queren die Wasserstraße und fahren weiter gerade-

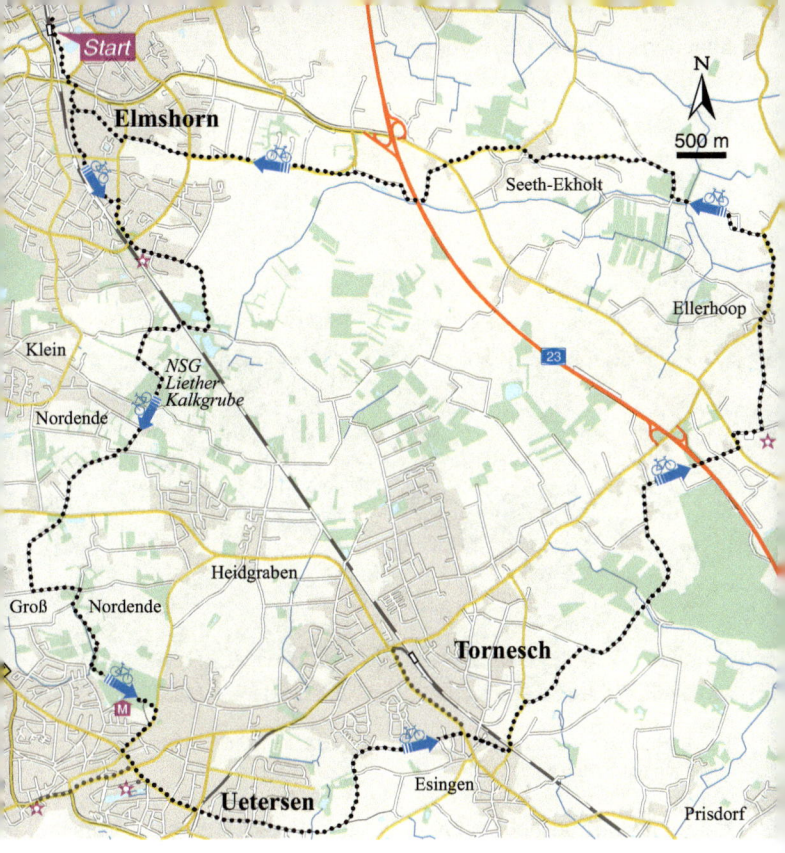

aus, über einen Wendehammer, die Holunderstraße entlang. An der darauffolgenden T-Kreuzung geht es links ab auf die Straße „Hainholz", aber nach wenigen Metern steuern wir wieder rechts, nun auf die Straße „Hainholzer Damm". Beim Weiterradeln ist schon an der abnehmenden Bebauungsdichte ablesbar, dass wir Elmshorn verlassen und in das umliegende, größtenteils verlandete Moor- und Sumpfgelände rechts der Elbe gelangen.

Fast unsere gesamte Tour fahren wir entlang des historischen Ochsenwegs. Dieser älteste Fernweg Schleswig-Holsteins reicht von Viborg in der Region Mitteljütland entlang des Geestrückens über Flensburg, Schleswig und Rendsburg bis nach Wedel. Der Abschnitt Elmshorn–Uetersen–Ellerhoop war bis zum Bau der Eisenbahnlinie Kiel–Altona im Jahr 1844 für die kulturelle und wirtschaftliche Entwicklung des Landes von immens großer Be-

Das Elmshorner Umland verspricht Ruhe fernab jeglichen Trubels und schattige Rastmög-
lichkeiten unter alten Kopfweiden.

deutung; ganz besonders für Händler, die ihr Vieh aus dem hohen Norden auf die großen Märkte im Süden getrieben haben.

Wir verlassen Elmshorn und fahren die Ollerlohstraße (ruhiger Wirtschaftsweg) entlang durch eine ausgedehnte Acker- und Knicklandschaft, vorbei an den Seen des Naturschutz- und Erholungsgebiets Rotenlehm. Die Bezeichnung Rotenlehm hat für die Region südlich der Stadtgrenze Elmshorn eine prägende Bedeutung. Mit etwas Glück können wir, nachdem wir am Ende des Wirtschaftswegs rechts in Richtung des Naturschutzgebiets „Liether Kalkgrube" abgebogen sind und nach etwa 300 Metern die Bahngleise überquert haben, die überwiegend verfallenen Gebäude der ehemaligen Ziegelei Rotenlehm begutachten. 1965 wurde in den Gebäuden aus der Mitte des 19. Jahrhunderts der letzte Backstein gebrannt. Umfangreiche Sanierungs- und Neubaukonzepte für die alte Ziegelei bestehen seit Jahren. Aktuell ist der komplette Abriss geplant. Wenn wir nach gut 300 Metern

Geologische Raritäten finden sich in der Liether Kalkgrube.

links auf die Straße „An der Bahn" einbiegen und deren Verlauf folgen, erreichen wir nach etwa 600 Metern die Liether Kalkgrube. Dort wird uns klar, woher der für die Ziegelei notwendige Ton stammte. Beim Bau der oben erwähnten ersten schleswig-holsteinischen Eisenbahnstrecke von Kiel bis Altona wurden im Jahr 1844 Erdschichten mit einem Alter von 299 bis 251 Millionen Jahren (Perm-Zeitalter) freigelegt. Man fand rote Tone, welche in den folgenden Jahrzehnten für die Herstellung von Ziegeln, in erwähnter Ziegelei, abgebaut wurden. 1980 wurde beim Ton- und Kalkabbau in der ca. 30 Meter tiefen Grube eine geologische Rarität, ein sogenannter Gipshut, gefunden. Zahlreiche Informationstafeln beschreiben die Entstehung der einzelnen geologischen Schichten und die daraus folgenden Rückschlüsse auf die jüngere erdgeschichtliche Entwicklung des Landschaftsraumes. Es gibt schattige Sitzgelegenheiten, einen Findlingsgarten mit Informationen zu den einzelnen Gesteinsarten und deren Herkunft sowie einen geoökologischen Lehrpfad.

Gut informiert folgen wir dem Verlauf der Asphaltstraße, vorbei an Gemüseäckern. Nachdem wir den Ort Klein-Nordende passiert haben, biegen wir an der T-Kreuzung rechts ab. Nach wenigen Metern steuern wir nach links auf den Birkenweg und fahren entlang zahlreicher Pferdekoppeln in Richtung Uetersen. Eine Informationstafel am rechten Straßenrand macht uns auf die „Greengables Crafts" aufmerksam – sicherlich einen Abstecher wert. Wenn wir dem abzweigenden Schotterweg folgen, gelangen wir zu einem fast 300 Jahre alten Gehöft. Die Gebäude des Hofs „Greengables" beherbergen neben einem Buchantiquariat und zahlreichen weiteren Antiquitäten eine Gemäldeausstellung nebst Hofladen mit Produkten aus eigener Ernte. Nach Voranmeldung ist eine Führung durch das historische Gebäude und die Gartenanlage möglich, mit anschließendem Kaffee oder Saft aus eigener Ernte und selbst gebackenem Kuchen.

500 Meter hinter dem Hof „Greengables" biegen wir an der T-Kreuzung links ab. Nach weiteren 500 Metern geht es erst rechts ab auf die Waldstraße, dann nach wenigen Metern wieder links auf den Feldweg „Voßberg". An der darauffolgenden Gabelung folgen wir dem rechten Feldweg, um am Ende des Weges rechts abzubiegen. An der nächsten T-Kreuzung nach gut 200 Metern müssen wir an dem „Hus Sünnschien" der Arbeiterwohlfahrt zuerst links ab auf eine Asphaltstraße, dann auf einen unbefestigten Waldweg einbiegen. Wir passieren einen Spielplatz mit Rast- und Picknickmöglichkeiten, bis nach knapp 600 Metern ein Kopfsteinpflasterweg kreuzt, auf welchen wir links einbiegen. Auf dem Weg fahren wir bis zur Tantaus-Allee.

Dabei passieren wir zuerst das über eine Kastanienallee zugängliche Café „Langes Mühle" (Tel. 04122/900567, www.cafe-langes-muehle.de), eingerichtet in dem achteckigen Sockel einer fast 300 Jahre alten Mühle, mit köstlichen selbst gebackenen Kuchen. Angrenzend an das Café lädt das Museum Langes Tannen zu einer Besichtigung ein. Das Museumsgebäude besteht unter anderem aus einem Herrenhaus des frühen 19. Jahrhunderts. Im Herrenhaus befindet sich eine

Ausstellung zum Thema bürgerliche Wohnkultur in Norddeutschland, in der Museumsscheune sind zu wechselnden Themen Ausstellungen zu sehen (in der Regel Bilder- und Gemäldeausstellungen). Wer mag, kann noch einen kurzen Spaziergang in den umliegenden Wiesen, Parkanlagen und Wäldern antreten.

Ansonsten biegen wir rechts ab auf die Tantaus-Allee und an der nächsten größeren Kreuzung links auf die Schanzenstraße nach Uetersen hinein. Gartenkulturinteressierte werden hier voll auf ihre Kosten kommen. Die 1235 erstmals erwähnt Stadt lässt sich gern und mit Recht als „Rosenstadt" bezeichnen. Woher dieser Name herrührt, wird uns bei dem nächsten Halt vor Augen geführt.

Zuvor sei aber noch ein Abstecher zu einem weiteren gartenkulturellen Highlight erwähnt. Gut 200 Meter hinter der Kreuzung Tantaus-Allee/Schanzenstraße kreuzt die Straße „Kleiner Sand". Folgen wir deren Verlauf rechts abbiegend, passieren wir nach wenigen Metern das gemütliche familiengeführte Restaurant „von Stamm" (Tel. 04122/ 42737, www.restaurant-von-stamm.de) und gelangen nach etwa einem Kilometer zur Keimzelle der späteren Stadt Uetersen, dem im 13. Jahrhundert gegründeten Kloster Uetersen, mit hochbarocker Kirche, efeuumranktem Friedhof und klassizistischem Gartenpavillon, eingebettet in eine parkähnliche Anlage.

Unsere Tour führt uns von der Kreuzung Schanzenstraße/Kleiner Sand etwa 150 Meter weiter zur nächsten Abzweigung in Richtung Rathaus/Rosarium, der Berliner Straße. Ein Abstecher zu dem inoffiziellen Namensgeber der Stadt, dem Rosarium, einer öffentlichen, frei zugänglichen Parkanlage, ist nicht nur für Rosenfans ein Muss. Die ca. sieben Hektar große Anlage gilt heute als einer der schönsten und natürlichsten Rosengärten Deutschlands. Über 35 000 Rosen aller weltweit führenden Züchter in mehr als 900 Sorten sind in dem Garten zu bewundern. Von der Park-, Beet- und Kletterrose bis zur Hochstammrose ist alles dabei. Für das leibliche Wohl sorgt das an der Berliner Straße gelegene „Parkhotel" (Tel. 04122/ 92180, www.parkhotel-rosarium. de) mit Restaurant, Café und Bistro.

So gut wie immer blüht während der Vegetationsperiode irgendeine Rose im Rosarium Uetersen. Einzelne Sorten stehen sogar im Spätherbst noch in voller Blüte.

Nach diesen Abstechern geht es weiter entlang der Schanzenstraße, bis die Straße – nun als „Kleine Twiete" – am Ende einer Schrebergartensiedlung einen scharfen Rechtsknick macht; dort halten wir uns weiter geradeaus und verlassen den Ort Uetersen auf einer schmalen Asphaltstraße. Nach 200 Metern steuern wir an einer Gabelung links auf einen Feldweg. Am Ende dieses Weges halten wir uns geradeaus auf den Esinger Weg. Vorbei an einer Sportanlage biegen wir am Ende des Esinger Weges rechts ab auf den Pinnauring. Nach etwa 650 Metern Fahrt immer geradeaus passieren wir die Esinger Straße (L 107), und wer von Gartenkultur genug hat, kann hier links ab zum Bahnhof Tornesch abkürzen.

Für alle anderen rückt der nächste gartenkulturelle Halt schon in Reichweite. Gut 100 Meter hinter der Abzweigung Esinger Straße radeln wir an der nächsten T-Kreuzung rechts ab und folgen dem Straßenverlauf. Vorbei an dem Gebäude des

Eine Blütenfarbe, die sich im Arboretum Ellerhoop-Thiensen (Norddeutsche Gartenschau) nicht findet, gibt es auch nicht. Hier Dahlien in zahllosen Farben und Farbnuancen.

Volkskundlichen Museums Mölln Hof biegen wir an der T-Kreuzung hinter dem Museum links ab in die Denkmalstraße, überqueren die Bahnschienen und halten uns direkt hinter den Schienen links auf den Großen Moorweg. Hinter einem großen Hallenkomplex geht es rechts ab auf einen schmalen Wirtschaftsweg und am Ende des Weges nach einem guten Kilometer wieder rechts (links ab befindet sich nach wenigen Metern der Flugplatz Tornesch/Ahrenlohe, wo aber nur noch sehr sporadische Flugbewegungen zu verzeichnen sind). Nach 700 Metern biegen wir links ab auf den Prisdorfer Weg, überqueren nach gut zwei Kilometern über den Asperhorner Weg die A 23 und biegen an einer T-Kreuzung etwa 500 Meter hinter der Autobahn links auf die K 21, um nach etwa 100 Metern rechts in Richtung Arboretum Ellerhoop abzubiegen, welches wir nach 700 Metern erreichen. Das Arboretum besticht durch eine spannende Kombination aus Schulbiologie, Baumwissenschaft und Gartenkunst. Das

Gartenjahr beginnt im Januar mit den ersten blühenden Vorboten des Frühlings im Kamelienhaus und endet im Herbst mit glühenden Blätterfarben in der eigens angelegten Indian Summer Plantage. Beeindruckend sind der Bauerngarten, die Dichternarzissenwiese, die Hortensiensammlung und das Strauch-Pfingstrosensortiment – um nur einige Highlights zu nennen. Im Spätsommer sind die blühenden Lotusblumen ein Muss. Ein kleines Hof-Café befindet sich im Eingangsbereich.

Um viele gartenkünstlerische Eindrücke reicher, und vielleicht auch mit einer Pflanze für den heimischen Garten, treten wir den Rückweg nach Elmshorn an. Am Arboretum biegen wir links ab in die Straße „Eekbarg". An der T-Kreuzung halten wir uns wieder links und biegen in dem Ort Ellerhoop rechts ab auf die L 110 (Barmstedter Straße). Hier befindet sich rechter Hand der Gasthof „Zur Linde" (Tel. 04120/200, www.zur-ellerhooper-linde.de) mit guter traditionsreicher Küche.

Wir folgen dem Verlauf der L 110. Nach etwa 800 Metern biegen wir an der nächsten Möglichkeit, kurz bevor die L 110 eine Rechtskurve beschreibt, links ab in die Straße „Feldfurth" und folgen dem Verlauf der Asphaltstraße entlang weitläufiger Wiesen mit alten Kopfweiden. Kurz vor dem Ortsschild Seeth-Ekholt geht es an einem ehemaligen Bauernhof links ab und nach knapp 400 Metern wieder links auf einen Feldweg. Am Ende des Feldwegs biegen wir rechts auf eine Asphaltstraße, fahren in den Ort Seeth-Ekholt hinein und am Ende dieser Straße wieder links auf die Dorfstraße. Wir kreuzen die Kreisstraße, und nachdem wir die Autobahn unterquert haben, lenken wir direkt hinter der Unterführung nach rechts und halten uns, vorbei an Industriehallen, auf dem Radweg der Straße „Ramskamp". Vorbei an dem rechter Hand gelegenen „Ristorante del Salento" (Tel. 04121/740720) überqueren wir den Kreisverkehr und halten uns auch auf der darauffolgenden Straße immer geradeaus. Nach gut 700 Metern biegen wir links ab auf den Hainholzer Damm und gelangen nach knapp 50 Metern rechts ab auf den „Holzweg", kommen aber auf diesem mit hoher Wahrscheinlichkeit trotzdem am Dohrmannweg an, auf den wir rechts

einbiegen. Auf der eingangs beschriebenen Strecke über den
Parkplatz des Förderzentrums
am Dohrmannweg fahren wir zurück zum Bahnhof Elmshorn.

Information

Verkehrs- und Bürgerverein (VBV) Elmshorn, Torhaus
Probstendamm 7, 25336 Elmshorn
Tel. 04121/268832
www.vbv-elmshorn.de

Stadt Uetersen
Wassermühlenstraße 7, 25436 Uetersen
Tel. 04122/7140
www.uetersen.de

**Ausstellungen/Museen/
Sehenswürdigkeiten/Veranstaltungen**

Museum Langes Tannen
Heidgrabener Straße, 25436 Uetersen
Tel. 04122/979106
www.langes-tannen-uetersen.de

Industriemuseum Elmshorn
Catharinenstraße 1, 25335 Elmshorn
Tel. 04121/231700
www.industriemuseum-elmshorn.de

Konrad-Struve-Haus der Ortsgeschichte
Bismarckstraße 1, 25335 Elmshorn
Weitere Informationen unter der Adresse
des Industriemuseums
Tel. 04121/231700

Greengables-Crafts
Sandberg 32, 25436 Heidgraben
Tel. 04122/3900
www.greengables-crafts.com

Kloster Uetersen
Kirchenstraße 9, 25436 Uetersen
Tel. 04122/2122
www.kirche-hamburg.de/gemeinden/
ev-luth-kirchengemeinde-uetersen.html

Rosarium Uetersen
Wassermühlenstraße, 25436 Uetersen
Infos zu Führungen: Tel. 04122/853982
www.rosarium-uetersen.de

Arboretum Ellerhoop
Thiensen 4, 25373 Ellerhoop
Tel. 04120/218
www.arboretum-ellerhoop.de

Weitere Informationen für Gartenfreunde
zu Gartenrouten zwischen den Meeren:
www.gartenrouten-sh.de

Hinweise von A bis Z

Allgemeiner Deutscher Fahrrad-Club (ADFC)

Der ADFC ist ein kompetenter Ansprechpartner in Sachen Fahrrad und setzt sich in vielen Bereichen für die Belange der Radfahrer ein, gibt Informationen rund um den Fahrradtourismus, Karten, Reiseführer und Infomaterial heraus (siehe auch → Übernachtung). Landesgeschäftsstelle ADFC: Schleswig-Holstein, Postfach 1346, 24012 Kiel; Besucheradresse: Herzog-Friedrich-Straße 65, 24114 Kiel, Tel. 0431/63190, www.sh.adfc.de/adfc-sh

Baden → Wasserqualität und Wassertemperaturen

Camping

Informationen zu den Campingplätzen erteilen die Touristinformationen. Eine Übersicht über zwei Drittel der Campingunternehmen Schleswig-Holsteins gibt es beim:
Verband für Camping- und Wohnmobiltourismus in Schleswig-Holstein e. V. (VCSH)
Kiefernweg 14
23829 Wittenborn
Tel. 04554/7056533
www.vcsh.de

Checkliste

Die Ausrüstung für eine Radtour ist stets recht individuell. Die folgende Checkliste, die keinen Anspruch auf Vollständigkeit erhebt, gibt die Möglichkeit, vor der Tour noch mal schnell zu prüfen, ob vielleicht noch etwas vergessen worden ist.
Was alles mitmuss, was alles mitkann:
– Regenschutz: Regenjacke, Regenhose, Poncho, Regenschutz für Rucksack, Satteltaschen etc.
– Sonnenschutz: Sonnencreme, Kopfbedeckung, Sonnenbrille
– Kälteschutz: Windjacke, Kopfbedeckung, warmer Pullover
– Lange oder kurze Hose, Radlerhose, Handschuhe
– Kopfschutz: Helm, Airbag
– Diebstahlschutz: Schloss und Schlüssel
– Handy, GPS-Gerät, Ladegeräte bzw. Ersatzbatterien
– Kilometerzähler
– Kamera, Fernglas
– Verpflegung, Wasser oder Thermosflasche mit Heißgetränken
– Flickzeug, Werkzeug, Luftpumpe
– Badezeug (falls Küsten- oder Seen-Tour)

– Satteltaschen, Lenkradtasche, Rucksack
– Geld, Kreditkarte, Ausweise
– Reiseliteratur, Reisebücher, Kartenmaterial, Adressbuch
– Reiseapotheke, Papiertaschentücher
– Beleuchtungsanlage (plus volle Akkus oder Batterien), evtl. Taschenlampe
Für längere Touren:
   Schlafsack, Isomatte, Zelt, Waschsachen, Kocher, Geschirr, Besteck

Fahrradverleih

In den Touristengebieten und Städten gibt es zahlreiche Möglichkeiten, ein Fahrrad zu leihen, oft auch mit Bring- und Holservice. Manche Vermieter oder Städte und Bahnhöfe haben auch Leihfahrräder im Angebot, sodass evtl. auf die Mitnahme der eigenen Fahrräder verzichtet werden kann; Informationen erteilen die lokalen Touristinformationen.

GPS

GPS-Geräte und GPS-Handys stehen heute für den verschiedensten Bedarf und in den verschiedensten Preisklassen zur Verfügung. Wer sich für ein GPS-Gerät zum Fahrradfahren entscheidet, ist in der Regel schon mit einem günstigen Gerät – auch ohne Hintergrundkarte – gut bedient. Verschiedenste Touren sind im Internet verfügbar und können direkt auf das Gerät geladen werden. Die geplante Tour wird dann durch Punkte oder eine Linie dargestellt. Anhand der aktuellen Position ist auf dem Gerät ablesbar, ob man noch „auf dem richtigen Weg" ist.

GPS-Tracks sind für die Fernradwege des Landes verfügbar, ebenso für regionale Routen an der Nord- und Ostsee. Die Tourist-Informationen verleihen zum Teil auch Geräte und geben Informationen.

www.sh-tourismus.de/radfahren
www.ostsee-schleswig-holstein.de/radfahren-mit-gps.html
www.nordseetourismus.de/radreisen

Heuherbergen

Ein Erlebnis der besonderen Übernachtungsart und nicht nur für Familien mit Kindern eine interessante und rustikale Möglichkeit der Unterkunft. Informationen unter Tel. 04871/4150, www.heuherbergen.de

Information

Neben den zahlreichen regionalen Touristinformationen, die bei den entsprechenden Touren Erwähnung finden, gibt es einige wichtige, überregional oder für ganz Schleswig-Holstein relevante Informationsstellen:

Tourismus Agentur Schleswig-Holstein GmbH
Wall 55, 24103 Kiel
Infotelefon: Tel. 0431/6005840
www.sh-tourismus.de

Nordsee-Tourismus-Service GmbH
Postfach 1611, 25806 Husum
Hausanschrift:
Zingel 5, 25813 Husum
Tel. 04841/89750
www.nordseetourismus.de

Ostsee-Holstein-Tourismus e. V.
Am Bürgerhaus 2
23683 Scharbeutz
Tel. 04503/888525
www.ostsee-schleswig-holstein.de

Schleswig-Holstein Binnenland Tourismus e. V. Große Nübelstraße 31
25348 Glückstadt
Tel. 04821/94963260
www.binnenland.sh

Herzogtum Lauenburg Marketing und Service GmbH
Hauptstraße 150, 23879 Mölln
Tel. 04542/856860,
www.herzogtum-lauenburg.de
www.tvsh.de

Marketingkooperation Städte in Schleswig-Holstein e. V.
Andreas-Gayk-Straße 31
24103 Kiel
Tel. 0431/6005862
www.sh-tourismus.de/staedte

Metropolregion Hamburg
Geschäftsstelle
Alter Steinweg 4
20459 Hamburg
Tel. 040/42841-2656
www.metropolregion.hamburg.de

Jugendherbergen

Nach wie vor eine beliebte und günstige Möglichkeit der Übernachtung, die in vielen Regionen und Städten Schleswig-Holsteins anzutreffen ist. Infos unter:
Deutsches Jugendherbergswerk (DJH)
Landesverband Nordmark e. V.
Rennbahnstraße 100
22111 Hamburg
Tel. 040/655995-66 und -77
www.jugendherberge.de/nordmark

Karten

Heutzutage gibt es eine Fülle an Radwanderkarten, zugeschnitten auf die verschiedensten Bedürfnisse und Wünsche. Einzelne regionale Karten, aber auch Stadt- und Ortspläne werden von den Touristinformationen herausgegeben, aber auch der ADFC ebenso wie verschiedene Verlage bieten eine gute Auswahl an Kartenmaterial an. Alternativ ist es mittlerweile auch üblich, ein GPS-Gerät (→ GPS) zu verwenden.

Gut geeignet sind die topografischen Karten des Landesvermessungsamtes Schleswig-Holstein (Wander- und Freizeitkarte 1:50 000, insgesamt zwölf Karten für Schleswig-Holstein und eine für Hamburg).

Für die Fernradwege (→ Radfernwege) gibt es jeweils eigene, oft laminierte und damit regenfeste Kartenwerke verschiedener Verlage.

Landesamt für Vermessung und Geoinformation Schleswig-Holstein
Mercatorstraße 1
24106 Kiel
Tel. 0431/383-2020
www.schleswig-holstein.de/
DE/landesregierung/ministerien-
behoerden/LVERMGEOSH/Kon-
takt/kontakt_node.html

Museen und Ausstellungen

Eine Übersicht von fast 300 Museen in Schleswig-Holstein mit ergänzenden Hinweisen zu Veranstaltungen und Foto-Impressionen bietet der Museumsverband Schleswig-Holstein im Internet:

Museumsverband Schleswig-Holstein und Hamburg e. V.
Geschäftsstelle
Am Gerhardshain 44
24768 Rendsburg
Tel. 04331/3398867
www.museumsverband-shhh.de

Organisierte Touren

Schleswig-Holstein bietet viele Möglichkeiten, individuelle Radtouren auf Fernstrecken und regionalen Rundtouren durchzuführen, aber es gibt auch vielfältige Angebote für organisierte und geführte ein- oder mehrtägige Radtouren. Infos und Angebote bei den einzelnen Touristinformationen (→ Information) oder zum Beispiel unter der Buchungs-Hotline: Tel.04638/898404, www.gruenes-binnenland.de

Radfahren

Touren und wichtige Tipps beim → ADFC, bei den lokalen Infozentren sowie allgemeine Informationen unter:

- Tourismus Agentur Schleswig-Holstein:
  www.sh-tourismus.de/radfahren
- an der Nordsee:
  www.nordseetourismus.de/radreisen
- an der Ostsee:
  www.ostsee-schleswig-holstein.de/radfahren
- im Binnenland:
  www.gruenes-binnenland.de/aktivitaeten/radfahren

Radfernwege

Schleswig-Holstein ist von einem weiten Netz an Radfernwegen durchzogen, zu denen es im Buchhandel und bei den Touristinformationen ausführliches Informations- und Kartenmaterial gibt. Allgemeine Informationen hierzu erteilen die Tourismus Agentur Schleswig-Holstein (Tel. 0431/6005840, www.sh-tourismus.de) und der Schleswig-Holstein Binnenland Tourismus (SHBT) e. V. (Tel. 04821/94963260,www.binnenland.sh Detailinformationen gibt es zu den einzelnen Fernradwegen unter:

- Mönchsweg:
  Tel. 0431/12850873
  www.moenchsweg.de
- Grenzroute:
  Tel. 04638/898404
  www.tourismus-nord.de
- Holsteinische Schweiz-Radtour:
  Tel. 04522/50950
  www.holsteinischeschweiz.de
- Ochsenweg:
  Tel. 04821/94963260
  www.binnenland.sh
- Wikinger-Friesen-Weg:
  Tel. 04638/2108392
  www.wikinger-friesen-weg.de
- Nord-Ostsee-Kanal-Route:
  Tel. 04331/6963844
  www.nok-route.de
- Eider-Treene-Sorge-Radweg:
  Tel. 04638/898404 und
  04333/992490
  www.gruenes-binnenland.de/aktivitaeten/radfahren/
- Alte Salzstraße:
  Tel. 04542/856860
  www.herzogtum-lauenburg.de
- Ostseeküsten-Radweg:
  Tel. 04503/888525
  www.ostsee-schleswig-holstein.de/radfahren
- Nordseeküsten-Radweg:
  Tel. 04841/89750
  www.nordseetourismus.de
- Elberadweg:
  Tel. 04542/856862
  www.elberadweg.de

– Radweg Hamburg–Rügen:
Tel. 0381/4030550
www.auf-nach-mv.de
– Iron Curtain Trail:
Tel. 04542/856860
www.herzogtum-lauenburg.de
www.ironcurtaintrail.eu

Transportmöglichkeiten
Fahrradmitnahme ist in den
meisten Zügen des Nah- und
Fernverkehrs problemlos möglich
(Reservierung unbedingt vorneh-
men). Auch viele Schiffe und Fähren können Fahrräder transpor-
tieren. In manchen Gebieten sind
auch die Busse in der Lage, Fahrräder mitzunehmen. Informationen u. a. unter der Radfahrer-
Hotline der Deutschen Bahn (DB):
Tel. 01805/151415 und 01806/
996633 und allg. Servicenr.
der DB: 030/2970

www.bahn.de/p/view/service/
fahrrad/07rad_fahrradzuege.
shtmlwww.bahn.de (DB)
www.bahn.de/service/individu-
elle-reise/bahn_und_fahrrad
www.nah.sh
www.nordbahn.de
www.akn.de
www.hvv.de

Übernachtung
Informationen bei den Touristinformationen und Zimmervermitt-
lungen. Zahlreiche Adressen zu
fahrradfreundlichen Unterkünften
(Bett & Bike) gibt es beim Allgemeinen Deutschen Fahrrad-Club
(ADFC) unter www.bettundbike.de
Siehe auch → Camping, → Ju-
gendherbergen, → Heuherbergen,
→ Urlaub auf dem Bauernhof

Urlaub auf dem Bauernhof
Zahlreiche Betriebe zwischen
den Meeren bieten einfache
Ferienwohnungen und Privatzim-
mer an – besonders für radfah-
rende Familien mit Kindern eine
günstige und interessante Möglichkeit der Unterkunft. Infos bei
der Landwirtschaftskammer
Schleswig-Holstein unter:
Urlaub auf dem Bauernhof in
Schleswig-Holstein
Am Kamp 15–17
24768 Rendsburg
InfoLine: Tel. 04331/9453582
www.lksh.de/landleben/land-er-
leben-geniessen/urlaub-auf-dem-
bauernhof/
www.landsichten.de/schleswig-
holstein

Wasserqualität und Wassertemperaturen

Die Küstenstrände und größeren Seen Schleswig-Holsteins werden, besonders im Sommer, regelmäßig beprobt. Insgesamt war die Wasserqualität der schleswig-holsteinischen Badeseen in den vergangenen Jahren als sehr gut zu bewerten.

Aktuelle Informationen unter www.schleswig-holstein.de/DE/landesregierung/themen/gesundheit-verbraucherschutz/badegewaesserqualitaet/bade-gewaesserqualitaet_node.html Informationen zu Wasser- und Lufttemperaturen, Wasserstand, Wind und Wellen sind unter www.bsh.de/DE/DATEN/Baden_und_Meer/baden_und_meer_node.html

Wilde Weiden

Auf den Naturschutzflächen der Stiftung Naturschutz, die man auf diversen Radtouren passiert, fallen die wilden Pferde (Koniks, Exmoorponys), genügsamen Schafe und Robustrinder wie Galloways, Auerochsen und langhörnige Highland-Rinder auf, die zur Pflege der sogenannten Wilden Weiden eingesetzt werden. In den Partner-Restaurants wird das aromatische Fleisch der Schafe und Rinder angeboten. Informationen bei der Stiftung Naturschutz:

Stiftung Naturschutz Schleswig-Holstein
Eschenbrook 4
24113 Molfsee
Tel. 0431/21090101
www.stiftungsland.de
www.naturgenussfestival.de
www.stiftung-naturschutz-sh.de

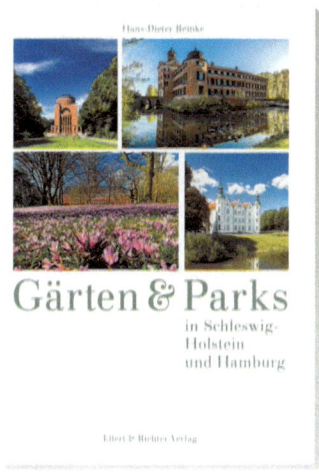

sh:z (Hrsg.)
Schleswig-Holstein zu Fuß
Die 25 schönsten Wanderungen an
und zwischen den Meeren

ISBN 978-3-8319-0567-6
192 Seiten mit 119 Abbildungen
25 Tourenkarten, 2 Übersichtskarten
Format 11 x 19 cm, Klappenbroschur

Schleswig-Holstein ist ein Paradies für Wanderer: zwei Meeres-
küsten, Inseln und Watt, Flüsse
und Seen, sanfte Hügel und
schattige Wälder. Tourbeschrei-
bungen mit Hinweisen auf attrak-
tive Sehenswürdigkeiten, empfehlenswerte Gastronomie und
spannende Naturphänomene
auf den Strecken werden in diesem Buch ergänzt durch Karten,
zahlreiche Fotos und ein Regis-
ter. Einsteiger, geübte Wanderer
und Pilgerfreunde kommen hier
gleichermaßen auf ihre Kosten.

Hans-Dieter Reinke
Gärten und Parks
in Schleswig-Holstein und Hamburg

ISBN 978-3-8319-0839-4
336 Seiten mit 188 Abbildungen und
2 Karten, Format 15 x 21 cm
Klappenbroschur

Schleswig-Holstein, zwischen den
Meeren gelegen, und Hamburg
mit seinem berühmten Grün bieten außerordentlich vielfältige
historische und moderne Park-
und Gartenanlagen. Diese sind in
erster Linie Orte der Erholung
und Kontemplation. Ihr Erleben
und Kennenlernen steht im Mittelpunkt dieses Buches und wird
ergänzt durch Hinweise zu Aus-
flugs- und Einkehrmöglichkeiten
in der näheren Umgebung.

Bildnachweis/Impressum

Fotos von Hans-Dieter Reinke sowie Daniel und David Hugenbusch

außer:
Umschlag Titel: Ostseefjord Schlei GmbH/Henrik Matzen; S. 23 Moritz Wussow/Sylt-Quelle; S. 31 Museum Kunst der Westküste, Alkersum; S. 44 Naturkundemuseum Niebüll; S. 45 l.o. Infozentrum Wiedingharde; S. 45 l.u. Nolde Stiftung Seebüll; S. 45 r. Friesisches Museum, Niebüll; S. 51 r.o. Nordsee-Museum Husum – Nissenhaus/Werner Feddersen; S. 51 r.u. Theodor-Storm-Gesellschaft, Husum; S. 59 Nordseebernsteinmuseum St. Peter-Ording; S. 71 r. Stumflutenwelt Blanker Hans, Nordseeheilbad Büsum; S. 86 Landesmuseen Schloss Gottorf, Schleswig; S. 137 l.u. Museum Eckernförde; S. 137 r. Naturerlebnisraum Kolonistenhof, Neu Duvenstedt; S. 145 r.u. Schleswig-Holsteinisches Freilichtmuseum, Molfsee; S. 156 Tourist Info Großer Plöner See; S. 181 Wikipedia/Malte Hübner; S.190 Wikipedia/flamenc; S. 202 r. Archiv Ellert & Richter; S. 203 Archiv Ellert & Richter; S. 212 l.u. + r.o. Tourist-Information Geesthacht; S. 221 Eisenbahnmuseum Aumühle/Claus Thiele

Bibliografische Information der Deutschen Nationalbibliothek
Die Deutsche Nationalbibliothek verzeichnet diese Publikation in der Deutschen Nationalbibliografie; detaillierte bibliografische Daten sind im Internet über http://dnb.d-nb.de abrufbar.

ISBN 978-3-8319-0465-5

Alle Angaben in diesem Reiseführer sind gewissenhaft geprüft. Preise, Öffnungszeiten etc. können sich aber schnell ändern. Daher können Autoren und Verlag keine Gewähr für die Richtigkeit übernehmen.

Für Anregungen, Berichtigungen und Ergänzungsvorschläge sind wir dankbar. Bitte senden Sie diese an:

Ellert & Richter Verlag
Borselstraße 16c
22765 Hamburg

Per Fax: 040/39847723
Per E-Mail:
info@ellert-richter.de

www.ellert-richter.de
www.facebook.com/EllertRichterVerlag
www.instagram.com/ellert_richter_verlag

Text und Bildlegenden:
Hans-Dieter Reinke, Daniel und David Hugenbusch, Rodenbek
Lektorat: Annette Krüger, Hamburg
Gestaltung: BrücknerAping Büro für Gestaltung, Bremen
Kartografie: THAMM Publishing & Service, Bosau
Gesamtherstellung: CPI books GmbH, Leck